Historia de México

Una guía fascinante de la historia de México y la Revolución Mexicana

© Copyright 2020

Todos los derechos reservados. Ninguna parte de este libro puede ser reproducida de ninguna forma sin el permiso escrito del autor. Los revisores pueden citar breves pasajes en las reseñas.

Descargo de responsabilidad: Ninguna parte de esta publicación puede ser reproducida o transmitida de ninguna forma o por ningún medio, mecánico o electrónico, incluyendo fotocopias o grabaciones, o por ningún sistema de almacenamiento y recuperación de información, o transmitida por correo electrónico sin permiso escrito del editor.

Si bien se ha hecho todo lo posible por verificar la información proporcionada en esta publicación, ni el autor ni el editor asumen responsabilidad alguna por los errores, omisiones o interpretaciones contrarias al tema aquí tratado.

Este libro es solo para fines de entretenimiento. Las opiniones expresadas son únicamente las del autor y no deben tomarse como instrucciones u órdenes de expertos. El lector es responsable de sus propias acciones.

La adhesión a todas las leyes y regulaciones aplicables, incluyendo las leyes internacionales, federales, estatales y locales que rigen la concesión de licencias profesionales, las prácticas comerciales, la publicidad y todos los demás aspectos de la realización de negocios en los EE. UU., Canadá, Reino Unido o cualquier otra jurisdicción es responsabilidad exclusiva del comprador o del lector.

Ni el autor ni el editor asumen responsabilidad alguna en nombre del comprador o lector de estos materiales. Cualquier desaire percibido de cualquier individuo u organización es puramente involuntario.

Índice de Contenidos

PRIMERA PARTE: LA HISTORIA DE MÉXICO 1
   INTRODUCCIÓN 2
   CAPÍTULO 1 - LA ERA DE LOS IMPERIOS 4
   CAPÍTULO 2 - LA GUERRA HISPANO-AZTECA Y LA NUEVA ESPAÑA 14
   CAPÍTULO 3 - EL NACIMIENTO DE UNA NACIÓN 26
   CAPÍTULO 4 - "DE LOS SALONES DE MOCTEZUMA..." 34
   CAPÍTULO 5 - LA GRAN DIVISIÓN 46
   CAPÍTULO 6 - "EL IMPERIO MÁS HERMOSO DEL MUNDO" 52
   CAPÍTULO 7 - EN LOS TIEMPOS DE DON PORFIRIO 62
   CAPÍTULO 8 - LA REVOLUCIÓN MEXICANA 70
   CAPÍTULO 9 - LOS CRISTEROS 80
   CAPÍTULO 10 - LA SEGUNDA GUERRA MUNDIAL Y EL MILAGRO MEXICANO 86
   CAPÍTULO 11 - LOS DOLORES DE FIN DE SIGLO 94
   CONCLUSIÓN: MÉXICO 103
SEGUNDA PARTE: LA REVOLUCIÓN MEXICANA 107
   INTRODUCCIÓN 108
   CAPÍTULO 1. EL COMETA 111
   CAPÍTULO 2. EL HOMBRE FUERTE DE LAS AMÉRICAS 116
   CAPÍTULO 3. FRANCISCO Y LOS ESPÍRITUS 123
   CAPÍTULO 4. LA VICTORIA LLEGA DEMASIADO PRONTO 129

CAPÍTULO 5. EL MALVADO EMBAJADOR 138
CAPÍTULO 6. VICTORIANO HUERTA 148
CAPÍTULO 7. DOS HURACANES 155
CAPÍTULO 8. LA CONVENCIÓN DE AGUASCALIENTES 167
CAPÍTULO 9. LA SILLA PRESIDENCIAL 173
CAPÍTULO 10. HUERTA CONTRAATACA 179
CAPÍTULO 11. LOS JINETES DEL APOCALIPSIS 184
CAPÍTULO 12. EL CENTAURO Y EL GENERAL: LA EXPEDICIÓN PUNITIVA DE PERSHING 189
CAPÍTULO 13. EL TELEGRAMA DE ZIMMERMANN 196
CAPÍTULO 14. LAS SECUELAS 205
EPÍLOGO. LA CABEZA DE PANCHO VILLA Y LA MANO DE OBREGÓN 208
VEA MÁS LIBROS ESCRITOS POR CAPTIVATING HISTORY 214
BIBLIOGRAFÍA 215

Primera Parte:
La Historia De México

Una Guía Fascinante de la Historia Mexicana, Desde el Ascenso de Tenochtitlan y el Imperio de Maximiliano hasta la Revolución Mexicana y el Levantamiento Indígena Zapatista

Introducción

México es una de las formas más distinguibles desde el espacio. La bandera del país, de colores verde, blanco y rojo, contiene la imagen de un águila con las alas extendidas sobre un cactus. Como pocas banderas en el mundo, de las cuales la mayoría tiene objetos celestiales o colores que representan ideales, la bandera de México tiene imágenes terrestres, dos animales: un águila y una serpiente, y un momento histórico: el momento en que un grupo de emigrantes llamado los mexicas llegaron al valle de México. La cuenca estaba llena de valles interconectados y volcanes cubiertos de nieve, y fue donde los recién llegados vieron un gran pájaro al centro de la mayor masa de agua. La ciudad de Tenochtitlan, la actual Ciudad de México, fue fundada en ese sitio.

Otras banderas del mundo tienen animales, en su mayoría pájaros, como es el caso de la de México, que tradicionalmente representa libertad, poder o contacto con los cielos. Pero ciertamente, ninguna otra tiene una serpiente, que habitualmente es una representación del mal. Para los mexicanos, educados desde su niñez acerca de su significado, el símbolo de la bandera mexicana resume la eterna e histórica lucha entre dos fuerzas, una destructiva, que parece estar íntimamente entretejida en el carácter del país, y una liberadora y magnánima.

Como la mayoría de las banderas del mundo, la insignia de México habla sobre sus orígenes míticos. La imagen del águila sobre el cactus y las chumberas, además de ser un importante momento en la historia de la tierra y un motivo que susurra profundamente a la psique de todos los mexicanos, es también un recordatorio de que antes que existiera un país independiente llamado México, había grandes ciudades en sus valles, junglas y en sus lagos. Sí, *en* sus lagos, que formaron imperios. Las civilizaciones originales surgieron en muy pocos lugares del planeta sin aprender de otras culturas, y como tal, estas personas que vivían aisladas de otras sociedades crearon sistemas numéricos, un sistema de escritura, y su propia forma de vida de una manera autónoma y diferente. México fue uno de esos lugares. Antes de que el país moderno naciera en 1821, el territorio que hoy comprende 32 estados y algunas islas pequeñas estaba habitado por antiguas dinastías y reinos de guerreros, astrónomos, sacerdotes, templos para sacrificios humanos y, sorprendentemente, algunas de las ciudades más grandes del mundo. Se estima que la sagrada ciudad de Chichén Itzá, en la península de Yucatán, en su máximo esplendor fue más grande que París. Este fascinante viaje por la historia de México, desde su increíble pasado prehispánico hasta el final del siglo XX, revelará más sorpresas que las que el lector puede imaginar. En palabras de la autoproclamada cantante mexicana Chavela Vargas, "México tiene magia. Y yo busqué la magia y la encontré".

Capítulo 1 – La Era de los Imperios

Mucho antes del surgimiento de los imperios en el México antiguo, los primeros humanos llegaron desde el norte, descendiendo a lo largo de la costa oeste de América del Norte o navegando por la orilla del mar en dirección al sur hace aproximadamente trece mil años. Los primeros pobladores seguramente llegaron en grupos pequeños e intermitentes, y se establecieron en su mayoría en la región conocida actualmente como Mesoamérica, en el sur de México y Centroamérica. Hace aproximadamente siete mil años, se cosecharon las primeras semillas.

La primera gran civilización del continente americano surgió en México al mismo tiempo que los babilonios en Asia, los llamados olmecas, en lo que hoy son los estados del sur de México. Los olmecas tenían su propio sistema de escritura y calendario. Sin embargo, es poco lo que se conoce de la primera gran cultura de México, incluyendo qué nombre se dieron a sí mismos. La palabra Olmeca es de origen posterior y significa "habitante del país del caucho". El área de México donde florecieron, los estados de Veracruz y Tabasco, es extremadamente húmeda y disolvió los restos humanos de aquellas antiguas civilizaciones, por lo que aún se desconoce qué aspecto tenían. Conocidamente, esta civilización dejó, entre otras cosas, las gigantes cabezas olmecas que, por siglos, estuvieron escondidas en la jungla hasta ser descubiertas a mediados del siglo XIX. Los rasgos físicos de estas cabezas, que aparentemente representan a los olmecas, continúan atrayendo la atención de los antropólogos por sus obvios rasgos africanos, con cabezas redondas, ojos oblicuos, narices cortas y anchas, y labios gruesos. La idea de que los olmecas fueron migrantes del África subsahariana, o que al menos la cultura tuvo contacto con antiguos marineros del llamado continente negro, aunque fantasiosa, no ha sido totalmente descartada. Los olmecas, quienes construyeron muchas ciudades, finalmente se dispersaron por la jungla alrededor del año 100 a. e. c. y eventualmente fueron asimilados por otros grupos.

Dos Imperios

Con el cambio de época, en un momento en que el cristianismo se estaba expandiendo en el Medio Oriente y Turquía, surgieron las primeras ciudades en el centro de México, así como otros aspectos que acompañan el nacimiento de una civilización: un sistema político, escritura jeroglífica, palacios, mercados, una burocracia y ejércitos.

La ciudad de Teotihuacan, una palabra que significa "el lugar donde habitan los dioses", fue la primera metrópolis de América del Norte, fundada en el año 300 a. e. c. Sus impresionantes pirámides hoy se mantienen preservadas en las cercanías de la Ciudad de México. Según una leyenda que los posteriores aztecas conservaron, los dioses se reunieron en Teotihuacan para crear la luna, el sol y los otros cuerpos celestes. En su época de esplendor, la ciudad tenía más de cien mil habitantes, la cual era una población más pequeña, pero igualmente similar a la de otras grandes ciudades como Alejandría, Éfeso, Cartago y Antioquía, lo que la hacía una de las diez ciudades más pobladas del mundo en ese tiempo. Pero ciertamente en aquellas otras ciudades de Asia y África, que en ese momento eran boyantes centros de cristianismo, las personas se habrían horrorizado al ver los rituales públicos que se llevaban a cabo en la forma de sacrificios humanos y otras ceremonias para los dioses en la cima de las grandes pirámides del sol y la luna. Aquellos ritos continuaron por muchos siglos.

Teotihuacan dominó el centro de México sin rivales. Los sacerdotes, guerreros, comerciantes y artesanos eran la base de su poder. Todas las casas tenían alcantarillado y un patio central. Sus habitantes vivieron en ese lugar hasta el siglo IX e. c. La cultura de Teotihuacan fue transmitida con tal ímpetu a las civilizaciones posteriores, que incluso siglos después que la metrópolis fuera abandonada, los habitantes del México antiguo aún hacían peregrinaciones para buscar el favor de los dioses como Tlaloc (el dios del agua) y especialmente Quetzalcoatl, el dios del viento y el aire (similar a cómo Yahvé era un dios de la tormenta para los hebreos antiguos). Quetzalcoatl era representado por una serpiente emplumada. Este dios, cuyo primer registro de culto proviene del siglo I e. c. en Teotihuacan, eventualmente adquirió características mesiánicas, y los conquistadores españoles lo asociaron con la figura de Jesucristo o de Tomás el Apóstol.

Quetzalcoatl, el dios del viento, la estrella de la mañana (Venus), la deidad que robó maíz para dársela al hombre, la entidad que roció los huesos en el reino de los muertos con sangre para darle vida a los humanos, también era una persona con una historia, posiblemente un personaje histórico que se fusionó con el dios. Su nombre era Ce Ácatl Topiltzin, y fue un sacerdote quien fue concebido milagrosamente cuando su madre tragó una piedra preciosa. Un hombre virtuoso y amado, enseñó a la gente los secretos de la vida y el cielo, y fue engañado por una bruja antagónica quien lo emborrachó y asesinó a sus seguidores. Quetzalcoatl escapó y desapareció en el mar, donde prometió que algún día volvería para recuperar lo suyo. Fuentes españolas alimentadas por informantes nativos americanos se refieren a él como un hombre divino, quien vestía una túnica blanca y prohibió los sacrificios humanos. Como era de esperar, los sacerdotes españoles pensaron que los mexicas (los llamados "aztecas" por eruditos posteriores) hablaban de un apóstol o quizás del propio Jesús. De hecho, aunque no es una doctrina oficial de los mormones, algunos sectores de esta iglesia han intentado asociar, incluso hasta la fecha, la figura de este antiguo sacerdote con la del Jesús histórico.

Sin embargo, no está tan claro, como anteriormente se creía, si los aztecas o los mexicas esperaban el regreso de Quetzalcoatl cuando los conquistadores españoles hicieron su llegada, y si las puertas de la ciudad fueron abiertas a los invasores porque los nativos americanos pensaron que los españoles eran nombrados por Quetzalcoatl. La versión de que Moctezuma abdicó y cedió su trono a Hernán Cortés cuando lo vio, es probable que sea una historia ficticia creada por Cortés para justificar sus acciones. Hoy en día, prominentes historiadores admiten que estos dos mitos: los españoles como dioses y la rendición sumisa de Moctezuma, son una invención de los conquistadores *después de la caída de la ciudad*. Tan solo unos pocos años después de la destrucción de Tenochtitlan, ya había evidencia del mito de que Cortés era Quetzalcoatl. Los antropólogos han encontrado imágenes de Quetzalcoatl en casi todo el territorio actual de México, desde sinaloa en el noroeste hasta el sur, lo que muestra que, al momento del encuentro entre las dos culturas, su mitología ya estaba diseminada por la región.

Aproximadamente al mismo tiempo en que Teotihuacan dominaba la meseta central, los mayas surgieron en la península de Yucatán, y posiblemente ellos fueron la primera civilización avanzada del continente americano. Desde el siglo XIX en adelante, su historia, centros ceremoniales, calendario cíclico, matemática y escritura fascinaron a los antropólogos. Los mayas estaban cautivados por el universo, incluyendo sus tiempos y medidas. En sus observaciones, calcularon la duración del año y del movimiento de Venus. También descubrieron la existencia de planetas que se movían sobre el fondo de estrellas inmóviles, inventaron constelaciones, registraron eclipses, y establecieron la existencia de grandes ciclos cósmicos para medir el paso del tiempo, desde un año a ciclos de 400 años, hasta alcanzar el mayor periodo de tiempo, la llamada "Alautun", cuya duración era de millones de años. No se conoce la duración exacta de sus épocas, ya que existen discrepancias en sus interpretaciones.

En primer lugar, se creía que los mayas de Yucatán habían formado un armonioso imperio dedicado a las matemáticas, la observación de las estrellas, y la construcción de impresionantes monumentos que sobreviven hasta hoy, pero ahora esta idea ha sido abandonada, especialmente luego del descubrimiento de los murales de Bonampak, los más extensos conservados de esa cultura. Ahora sabemos que los reinos mayas vivían en un estado de guerra permanente entre sí. La ciudad de Chichén Itzá, la última gran ciudad maya en emerger en la jungla, dejó una impresionante pirámide de 365 escalones, uno por cada día del año, el juego de pelota más importante de América, un observatorio astronómico y altares de calaveras.

Al sur de México, Monte Albán (en el moderno estado de Oaxaca), fundado en la cima de una montaña, llegó a dominar una enorme área y tenía artesanos en Teotihuacan. Sus residentes adoraban a más de cuarenta dioses. A comienzos del siglo VI, dos grandes culturas, la maya y Teotihuacan, coexistieron en ambos extremos del territorio, y establecieron relaciones comerciales, y por lo tanto extendiendo su influencia, idioma, dioses y arquitectura a la totalidad de la región central del país que hoy llamamos México.

El Primer México

"En el borde de la cueva vieron un águila erguida sobre el cactus devorando alegremente, desgarrando cosas al comer, y entonces [cuando] el águila los vio, agachó mucho la cabeza".

—*Crónica Mexicayotl*, siglo XVI

Pero la civilización más representativa del México antiguo, de hecho, la expresión más importante y auténtica de un "imperio" en el continente americano, fue la civilización mexica o azteca, cuya importancia fue tan grande que sus símbolos, nombre e incluso cultura persisten en el país. Los líderes del México moderno se han sumergido en la historia y la cultura de los aztecas en busca de motivos para la creación de una identidad nacional. Aunque la palabra "Azteca" es de origen moderno. Los habitantes del antiguo México habrían preferido llamarse a sí mismos "Mexica", y eran parte de un grupo aún más grande llamado los Nahuas, cuyo idioma era el náhuatl, la lengua franca de la época. Muchas palabras en náhuatl sobreviven en el español hablado en México hoy en día. Por ejemplo, el idioma español asimiló palabras como "cocoa", chile", "coyote", "tomate", "guacamole" y "chocolate", así como muchas otras. Cuando el imperio azteca surgió en el centro de México, no lejos del lugar donde alguna vez estuvieron la gran ciudad de Teotihuacan y sus pirámides, las grandes civilizaciones del periodo clásico ya se habían disuelto. Teotihuacan había sido abandonada, y las razones de su súbita desaparición aún no están claras. En Yucatán, las pobladas ciudades mayas habían sido tragadas por la jungla.

Los mexicas, un grupo migrante del norte de México, llegaron a lo que hoy es la Ciudad de México alrededor del año 1325 a. e. c., siguiendo la profecía de uno de sus dioses. En su peregrinación, se detuvieron en la sagrada y abandonada ciudad de Teotihuacan para pedir guía divina. Su llegada en el valle de México no fue sencilla. Fueron atacados por los pueblos ya establecidos allí, quienes los expulsaron de sus países. Exhaustos y sin recursos, los mexicas fueron rodeados por ciudades hostiles y confinados a lugares inhóspitos. Perseguidos hasta el borde del gran lago de Texcoco, los mexicas construyeron balsas y entraron al agua para salvar sus vidas. Allí, se escondieron entre los juncos, islotes y tierras pantanosas, entre la vegetación acuática de Texcoco, donde permanecieron hasta que rearmaron sus fuerzas y escaparon nuevamente. Al otro lado del lago, yendo de un lado hacia el otro, según la historia que el dominicano Friar Diego Durán recopiló años después, vieron la señal de que su dios Huitzilopochtli les había dado para saber cuál sería el lugar donde se establecerían, su tierra prometida, o mejor dicho su *agua* prometida, un águila sobre un cactus. Por lo tanto, las personas que habían deambulado por tanto tiempo terminaron su éxodo de más de 200 años con la instalación de la primera piedra de su templo en el lago. Esta narrativa, la historia "oficial" que los aztecas narraron a los europeos, podría estar idealizada. Cuando los mexicas pasaron de ser un pequeño y sometido grupo humano al imperio más grande del México prehispánico, ellos quemaron los registros previos y escribieron una nueva historia donde ellos eran los elegidos para gobernar el mundo.

Lo que es indiscutible es que, con el tiempo, el humilde asentamiento acuático se convertiría en una de las más grandes ciudades en el mundo. Allí, construyeron su capital en un islote en medio de un lago. Al parecer aquel pedazo de tierra donde los aztecas construyeron su primera aldea fue llamado "México", lo que significa "en el centro del lago de la luna". La ciudad entera fue llamada Tenochtitlan. Esos islotes insignificantes y sus alrededores eran espacios donde se podía pescar, cazar y recolectar de forma abundante, lo que significa que era un lugar ideal para establecerse. Su posición en medio de un lago también les daba una ventaja estratégica: evitar la fricción con ciudades vecinas, que estaban involucradas en imparables guerras expansionistas. La ausencia de límites físicos definidos facilitó la neutralidad y concretó acuerdos y alianzas. Por lo tanto, una aldea insignificante se volvió una metrópolis en pocas décadas.

En ese momento, allí surgió una filosofía de guerra muy vinculada al cosmos, la idea de que continuos sacrificios humanos eran necesarios para ayudar al sol en su lucha diaria contra fuerzas de la oscuridad, y para sostener la batalla de los caballeros águila y tigre, en nombre del movimiento ininterrumpido de las estrellas y los planetas. En el registro arqueológico, las representaciones de sacrificios humanos comenzaron a multiplicarse en esta época. Pero no todo era barbarie y crueldad. Al mismo tiempo, florecieron las artes y la educación; los aztecas o mexica, crearon esculturas, pinturas y otras obras; en el apogeo del imperio azteca, más de sesenta mil canoas convergían cada día en la ciudad de Tenochtitlan, que era sostenida por pilotes y troncos al estilo de Venecia, y era más grande que cualquier capital europea del siglo XV.

Los habitantes de Tenochtitlan sembraban cultivos en tierra firme y también en islas flotantes llamadas *chinampas*, las que eran sostenidas por pilotes. Había hasta mil personas a cargo de limpiar las calles, las que eran barridas cada día, y la basura era incinerada en enormes fogatas que iluminaban las calles por la noche. Dado que Texcoco era un lago salado, también había canales o acueductos que llevaban agua de manantiales cercanos para una población que, vale la pena mencionar, era tan aseada y limpia como los estándares modernos, y que disfrutaba tomar un baño diario.

Su organización económica, política y social alcanzó un muy alto nivel. En el cercano mercado de Tlatelolco, que aún persiste en cierta forma hoy en día, hasta cincuenta mil personas se reunían en los días de mercado. En Tlatelolco, las personas compraban y vendían con la moneda local (granos de cacao), y la ciudad estaba adornada por templos, palacios y estatuas en las calles, plazas y otros puntos importantes. Cuando los primeros europeos vieron Tenochtitlan, una ciudad más grande que cualquiera en Europa, apareciendo repentinamente en el brumoso valle, ellos se preguntaron si estaban teniendo visiones. Una civilización avanzada que surgió independientemente del Viejo Mundo estaba frente a sus propios ojos.

Uno de esos primeros testigos, el español Hernán Cortés, dejó una valiosa descripción de la gran ciudad, una especie de Venecia americana dividida en cuatro cuartos separados por cuatro avenidas que radiaban del centro, y cruzaban por canales donde la gente viajaba en canoas que iban de un lugar a otro. Cortés escribió:

Esta gran ciudad de Temixtitan (sic) está fundada en esta laguna salada, y desde la tierra firme hasta el cuerpo de la dicha ciudad, por cualquiera parte que quisieren entrar a ella, hay dos leguas. Tiene cuatro entradas, todas de calzada hecha a mano, tan ancha como dos lanzas jinetas. Es tan grande la ciudad como Sevilla y Córdoba. Son las calles de ella, digo las principales, muy anchas y muy derechas, y algunas de éstas y todas las demás son la mitad de tierra y por la otra mitad es agua, por la cual andan en sus canoas, y todas las calles de trecho a trecho están abiertas por donde atraviesa el agua de las unas a las otras, y en todas estas aberturas, que algunas son muy anchas, hay sus puentes de muy anchas y muy grandes vigas, juntas y recias y bien labradas, y tales, que por muchas de ellas pueden pasar diez de a caballo juntos a la par.

Cortés y sus acompañantes estaban impresionados por la actividad comercial que tenía lugar en Tenochtitlan y la vecina Tlatelolco. Cortés escribió en sus cartas, o "relaciones", a España que la ciudad tenía muchas plazas públicas, donde se ubicaban los mercados y otros lugares para comprar y vender artículos. Una plaza en particular, de acuerdo al conquistador, era el doble del tamaño que Salamanca (ubicada en España) y estaba completamente rodeada de pórticos, donde cada día, más de sesenta mil personas se reunían para comerciar. Una ciudad en sí misma. "Hay todos los géneros de mercadurías que en todas las tierras se hallan, así de mantenimientos como de vituallas, joyas de oro y plata, de plomo, de latón, de cobre, de estaño, de piedras, de huesos, de conchas, de caracoles y de plumas".

La ciudad tenía una calle de hierbas, donde la gente compraba una variedad infinita de raíces y hierbas medicinales (las cuales, hasta el día de hoy, todavía les gustan mucho a los mexicanos). Había barberías donde la gente se cortaba el cabello o tan solo iba a lavárselo, así como muchas tiendas donde se consumían comidas y bebidas. En otras palabras, los predecesores de los restaurantes modernos. "De la gente de ella hay la manera", escribió Cortés, incrédulo de que tal civilización pudiera existir fuera del mundo cristiano "casi de vivir que, en España, y con tanto concierto y orden como allá, y que considerando esta gente ser bárbara y tan apartada del conocimiento de Dios y de la comunicación de otras naciones de razón, es cosa admirable ver la que tienen en todas las cosas".

Esta era la Ciudad de México en las primeras décadas del siglo XVI. Pero un evento traumático, que transformaría para siempre la faz de la región y el continente entero, causaría que los aztecas perdieran todo en un colapso ensordecedor. Su ciudad, su cultura, sus familias y su propia nación llegarían repentinamente a su fin. Esa maldición llegó flotando en el mar el Viernes Santo, 22 de abril de 1519.

Capítulo 2 – La Guerra Hispano-Azteca y la Nueva España

"Los invasores vieron cosas nunca vistas o que nunca soñaron".

—*Crónica Mexicayotl*

"Cuando contemplamos todo ese esplendor a la vez, apenas sabíamos qué pensar, y dudábamos que todo lo que contemplábamos fuera real. Una serie de grandes ciudades se extendían a lo largo de las orillas del lago, de las cuales otras aún más grandes se elevaban magníficamente sobre las aguas. Innumerables multitudes de canoas navegaban por todas partes a nuestro alrededor; a distancias regulares pasábamos continuamente sobre nuevos puentes, y ante nosotros estaba la gran Ciudad de México en todo su esplendor".

—Bernal Díaz

En 1519, mientras una expedición comandada por Hernán Cortés llegaba a la península de Yucatán, a 1.300 kilómetros (casi 808 millas) de distancia, en lo que hoy es el centro histórico de la Ciudad de México, el emperador Moctezuma II, el noveno rey de los aztecas, reinaba sobre un enorme territorio que comprendía la totalidad de la mitad sur de México. Aquellas tierras estaban llenas de pueblos sometidos a los aztecas, y quienes estaban resentidos por los intolerables tributos, incluyendo a los humanos necesarios para los sacrificios para aplacar a los dioses. Desde los escalones del templo principal de Tenochtitlan, la sangre de los sacrificados a los dioses descendía como ríos.

Los aztecas creían que una vez que una víctima era sacrificada, su sangre era llevada por águilas, permitiendo al cosmos mantener su orden y que el sol saliera cada mañana. Los mitos de salvación fueron adaptados a intereses militares: aquellos que morían en la guerra iban al cielo del sol de la mano de Teoyaomiqui, una diosa que lucía un collar hecho de corazones, manos y calaveras, y cuya cabeza era la misma Muerte. A veces Teoyaomiqui era representada como decapitada, y de su cuello brotaban chorros de sangre en forma de serpientes. Los cuerpos de las mujeres que morían en su primer parto se volvían sagrados, y los jóvenes soldados intentaban robar partes de ellos, especialmente el cabello y los dedos, para hacer talismanes que colgaban de sus escudos. Los niños que morían en la edad de amamantar iban a un lugar donde había un árbol de cuyas ramas goteaba leche, aquellos que morían por causas relacionadas al agua iban a un lugar donde todo existía en abundancia, y aquellos que morían de manera natural no eran recompensados o castigados, ya que simplemente habían cumplido su destino.

Algunos estudiosos han estimado que los aztecas sacrificaban a más de doscientas mil personas cada año, y en los días de la reconsagración de la gran pirámide de Tenochtitlan, había un promedio de quince sacrificios humanos por minuto. Fue a partir de ese espléndido y sangriento centro del imperio azteca que Montezuma extendió rutas comerciales a Panamá. Varios pueblos indígenas, como los tlaxcaltecas, los huastecos, los totonacas y muchos otros, quienes producían abundante maíz, cacao, vainilla, frutas, algodones y maderas preciosas, recibían visitas de recaudadores de impuestos y pagaban tributos que eran odiosos para ellos. Aunque a menudo se rebelaban, hartos del dominio azteca, estaban firmemente sometidos por la Triple Alianza, que tenía a Tenochtitlan a la cabeza. Los pueblos mayas, que ya habían pasado su época de esplendor, se encontraban demasiado lejos y no estaban organizados, sino fragmentados en muchos pequeños reinos a lo largo de la península de Yucatán. Durante su reinado, Moctezuma también impulsó las demandas por la educación de la juventud, pero como todos los emperadores aztecas, quienes eran fieles sirvientes al dios de la guerra, Huitzilopochtli, Moctezuma se sentó en su trono bajo una especie de nube negra, una especie de fatalismo sobre un futuro incierto vislumbrado por los astrólogos de su corte.

El Encuentro

Moctezuma tenía 45 años de edad cuando un barco español naufragó en su camino de Panamá a la isla de Santo Domingo, ubicada en el mar de las Antillas. Era el año 1511. Los marineros estuvieron a la deriva por varios días hasta que vieron unas playas desconocidas, que, en un principio, pensaron que era una isla más. Sin saberlo, se convertirían en los primeros españoles en pisar el continente americano, un continente hasta ahora desconocido para los navegantes europeos. Cuando ingresaron a lo que hoy es Yucatán en busca de víveres, fueron atacados por los mayas. Aunque casi todos murieron, al menos dos lograron salvar sus vidas, un marinero llamado Jerónimo de Aguilar y otro llamado Gonzalo Guerrero. Dos años después, Hernán Cortés llegó a la isla de Cozumel, donde escuchó que allí vivían un par de náufragos españoles, y fue a rescatarlos.

Cuando encontró a su compatriota Jerónimo de Aguilar, no lo reconoció; después de ocho años, había perdido su dominio del español, estaba vestido como un maya, y su piel era morena. Pero Aguilar conocía el idioma del pueblo yucateco, y Cortés sabía que eso sería una enorme ventaja para él, y de hecho, posteriormente usó a Aguilar como intérprete.

Aguilar reconoció los barcos españoles y fue en busca de su compañero naufragado Gonzalo Guerrero, quien vivía en otra aldea. Pero su compañero de adversidad se negó a acompañar la expedición. Sus palabras quedaron guardadas en los anales del soldado y cronista Bernal Díaz: "Hermano, estoy casado y tengo tres hijos. Ve con Dios, que tengo mi rostro tallado y mis cejas perforadas [al estilo maya]. ¡Y veis a estos hijitos míos, qué lindos son!". Guerrero era tan estimado en su pueblo que había sido designado capitán en tiempos de guerra. También fue, a saber, el padre del primer mexicano moderno, es decir, el hijo de un hombre europeo y una mujer nativa americana. Aguilar intentó convencer a su compañero de que se uniera a la expedición, diciéndole que, si lo deseaba, podía llevarse a sus hijos con él. La esposa de Guerrero, una mujer maya, reprendió a Aguilar y le pidió que se fuera. Nada podía cambiar la opinión de Guerrero, quien vivió entre los mayas hasta el final de su vida. Murió, irónicamente, luchando contra los españoles.

El siguiente encuentro decisivo de Cortés ocurrió días después cuando, en marzo de 1519, llegó al moderno estado de Tabasco, en la costa del golfo de México, en su camino hacia el sur. Allí, recibió de un caudillo local un grupo de veinte jóvenes esclavas que Cortés distribuyó entre sus hombres. Una mujer notable de alrededor de diecinueve o veinte años de edad estaba en ese grupo, su fecha de nacimiento solo puede ser aproximada. La llamaban Malinalli. Malinalli tenía una triste historia que contar. Su padre se había casado por segunda vez y la vendió como esclava a unos comerciales, quienes, a su vez, la entregaron a un cacique en Tabasco que conoció a Cortés en su camino a Tenochtitlan. Jerónimo de Aguilar, el náufrago rescatado en Yucatán, se percató que la joven Malinalli, quien de acuerdo a la tradición oral era bella y culta, hablaba el idioma maya y otra lengua que él no podía entender, que era el náhuatl. Dado que Malinalli podía comunicarse con Aguilar, se formó una eficiente combinación de intérpretes: Cortés hablaba en español con

Aguilar, Aguilar hablaba en maya con Malinalli, y luego ella traducía el mensaje en náhuatl para los nativos americanos. Durante su camino, Cortés fue capaz de comunicarse con el emperador Montezuma. Liderando a 518 soldados, 110 marineros, 16 jinetes, 32 ballesteros, 13 pistoleros, diez cañones y cuatro falconetes, Cortés tomó para sí a la joven, y la convirtió en su fiel compañera, amante y confidente. Devota y de un gran apoyo, Malinalli estuvo a su lado a través de todos los peligros y momentos decisivos de la conquista del imperio azteca. La joven llamada Malinalli, quien fue bautizada como Marina por los españoles y posteriormente conocida como Malinche por los mexicanos, es hasta ahora, debido a su cercanía con los invasores, una de las mujeres más polémicas de la historia de México. Incluso existe una palabra derivada de su nombre para referirse al amor excesivo por todo lo extranjero y la traición a lo propio: Malinchismo.

Un mes después de esos eventos, el 21 de abril de 1519, Cortés y sus once naves llegaron a la costa de Veracruz. Allí, Cortés fundó la primera ciudad en América continental: Villa Rica de la Veracruz, uno de los puertos más importantes de la actualidad. En el camino ocurrieron dos hechos inesperados que animaron a la expedición a desplazarse hacia el interior: los jefes y *caciques* (jefes locales menores) que Cortés iba encontrando le ofrecían alianzas, ya que querían liberarse de Moctezuma, y le brindaron valiosa información sobre lo que encontraría tierra adentro. La otra sorpresa fue la llegada de los primeros embajadores de Moctezuma, quienes habían viajado al golfo de México para conocer a Cortés; tenían regalos, que consistían en mucho oro, y lo animaban a darse la vuelta e irse. La estrategia tuvo el efecto contrario, ya que solo logró despertar el interés de Cortés y la codicia de sus hombres. Cuando la expedición española finalmente subió y bajó las montañas y vio la ciudad en el lago a lo lejos, era el mes de noviembre de 1519. Contemplaron con asombro las pirámides, los canales de agua, que estaban llenos de canoas, jardines y miles de hombres, mujeres y niños. Se quedaron sin habla, "contemplando paisajes tan maravillosos, no sabíamos qué decir, o si lo que apareció ante nosotros era real", escribió años después Bernal Díaz, recordando todo lo que había visto y oído.

Cuando Cortés entró en Tenochtitlan y conoció al monarca, el rey de la ciudad más grande del continente, ambos hombres se inclinaron profundamente el uno al otro, o intercambiaron collares, o Cortés intentó abrazarlo al estilo europeo, y luego dos hombres le impidieron que tocara a Moctezuma. Los relatos difieren. No obstante, la reunión fue amistosa, pero tensa. Ambos bandos mostraron sus habilidades diplomáticas, pero el choque de culturas era inminente. Por el momento, ambos hombres podían comunicarse entre sí gracias a Malinalli, la joven indígena que se mantuvo al lado de Cortés desde Tabasco y entendía el idioma del emperador. Malinalli era probablemente la más sorprendida entre todos, ya que estaba al frente de ese poderoso señor del cual solo había oído rumores.

Moctezuma llevó a Cortés a algunos salones amplios y luego retornó con oro, plata, plumas y otros regalos. Era un importante momento no solo en la historia de México, sino de la humanidad: el encuentro entre Moctezuma y Hernán Cortés en el lugar donde hoy se ubica la Ciudad de México, simboliza el momento en que la humanidad y la civilización, que al principio se trasladaron a oriente y occidente desde el Creciente Fértil, cerraron el círculo y se encontraron de nuevo. Fue uno de los encuentros más importantes de la historia de la humanidad. Ese día, la Tierra se convirtió en una aldea global. La idea de que los nativos veían a los españoles como dioses y que se arrodillaban ante ellos, o que vieron a Quetzalcoatl en Cortés, son desarrollos posteriores, parte de la propaganda de los vencedores y excusas de los vencidos. No hay evidencia en la historia azteca antes de este encuentro de que Moctezuma realmente esperaba el regreso del dios. Al contrario, el encuentro parece haber sido entre dos fuerzas igualmente orgullosas y seguras. E incluso es posible que el emperador Moctezuma tenía realmente el total control de la situación, planeando poner a sus nuevas adquisiciones en jaulas o sacrificarlas ritualmente.

Durante meses, la vida entre visitantes y lugareños fue cordial, pero las cosas hervían bajo la superficie. Cortés, desconfiado todo el tiempo, temía por su seguridad, y finalmente, temiendo una traición, arrestó a Moctezuma. Dado que la búsqueda de aliados era uno de los procedimientos rutinarios en las guerras de conquista, Cortés aprovechó la hostilidad de las muchas personas que se oponían a los aztecas, y formaron alianzas para conquistar Tenochtitlan. Varios reinos indígenas compartían su propósito: ver caer a Moctezuma. No fue, como se ha dicho muchas veces antes, un puñado de valientes aventureros españoles o la genialidad de Cortés lo que conquistó el vasto imperio; en cambio, fue una situación más parecida a una guerra civil, o más precisamente, una rebelión de todos los pueblos subyugados contra la Triple Alianza. El Imperio azteca fue, en muchas formas, conquistado por otros nativos americanos.

Las hostilidades comenzaron cuando Cortés estuvo ausente de la ciudad por algunos días. Uno de sus capitanes perpetró una masacre en contra de la población civil que celebraba en el Templo Mayor. Los mexicas, furiosos, se rebelaron en masa. La versión más difundida dice que el emperador Moctezuma murió durante este episodio cuando Cortés regresó a Tenochtitlan y le pidió ir y hablar con sus compatriotas, para solicitarles que se retiraran. Pero sus beligerantes ciudadanos supuestamente lo apedrearon. Sin embargo, tanto este incidente, como otros relacionados a la conquista de México, deben ser tomados con un grano de sal como posibles inventos por parte de los europeos para culpar a los aztecas y no a los españoles por este incidente. El Códice de Moctezuma, que se encuentra preservado en la Biblioteca Nacional de

Antropología e Historia de México, es un códice amate fragmentario del siglo XVI que contiene personas y escenas históricas con textos escritos en náhuatl en caracteres latinos. Hay un dibujo de Moctezuma con una cuerda atada a su cuello sostenida por un español. Junto a esta escena hay un nativo americano apuñalado. Arriba se puede ver el Templo Mayor de Tenochtitlan ardiendo en llamas. En lo más alto está Cortés a caballo. Al parecer el códice muestra los eventos más importantes del asedio de Tenochtitlan, incluyendo la destrucción de la ciudad y el asesinato de Moctezuma por parte de los españoles.

Luego de la masacre en el Templo Mayor, Cortés y sus hombres sufrieron una catastrófica derrota y fueron expulsados de Tenochtitlan. Casi fueron aniquilados. En este momento, la historia podría haber cambiado, pero los aztecas inexplicablemente no los siguieron para exterminarlos. Una vez que estuvo fuera de peligro, Cortés se quebró y se sentó a llorar debajo de un árbol, un incidente conocido como "La Noche Triste". El árbol donde Cortés derramó amargas lágrimas aún existe en la Ciudad de México, aunque está muy deteriorado luego de un incendio intencional en 1980. Los aztecas perdieron su oportunidad para liquidar a los invasores a causa de la llegada de un nuevo y mucho más implacable enemigo: la viruela.

Con la ayuda de casi 200.000 aliados nativos americanos, pueblos que fueron conquistados por los aztecas, Cortés recuperó su fuerza y puso a Tenochtitlan bajo asedio. Como todos los asedios históricos, este fue largo y cruel. Cortés cortó el suministro de agua, y virtualmente todos los pueblos de la región, que habían sido oprimidos por más de cien años y fueron forzados a contribuir su parte de hombres y mujeres para sacrificios humanos, apoyaron a los europeos, lo que significa que nadie vino en auxilio de Tenochtitlan. Cuando Tenochtitlan cayó, más de cuarenta mil cuerpos flotaban en el lago Texcoco. Los enemigos de los aztecas no mostraron piedad, y los eventos que sucedieron después de la caída de la ciudad fueron prácticamente un genocidio. Tras un par de años luego de la llegada de Cortés, y sin atravesar una fase de declive como otros imperios, el gobernante más poderoso que había existido en México estaba muerto, su cuerpo fue arrojado al lago, y su gran ciudad yacía en ruinas.

Un Caso Supremo de Sincretismo

Cuando los españoles llegaron a la gran Tenochtitlan, el corazón del imperio azteca, el emperador Moctezuma II estaba aliado con otros dos reinos, Texcoco y Tlacopan, lo que se conoce como la Triple Alianza. La confederación dominaba la mitad sur del México moderno, desde las costas del Pacífico hasta las del golfo. Las conquistas progresivas de esos territorios otorgaron a los españoles acceso al océano Pacífico y, lo que Colón había pretendido en primer lugar tres décadas antes, una codiciada ruta hacia el Lejano Oriente. En el siglo siguiente, marchando desde Tenochtitlan hacia el norte, los capitanes españoles absorberían más porciones del territorio, tan lejos como California y Texas, con la inesperada "ayuda" de la más efectiva arma biológica: los gérmenes.

Las enfermedades de Europa, que eran desconocidas en América, viajaron más rápido que las expediciones españolas. A medida que el siglo XVI progresaba, el nuevo virreinato y la futura República Mexicana se conocería como Nueva España, un colosal territorio que se extendía desde Ciudad de México hasta Oregón y América Central. Poco se ha hablado del rol de los esclavos africanos en la guerra hispano-azteca. Ya en 1537, tan solo quince años después de la caída de Tenochtitlan, había diez mil africanos en México, algunos de los cuales se rebelaron brevemente y designaron a un rey negro. Sin embargo, su sueño de realeza fue efímero; después de unos días de portar su corona, fue capturado y ejecutado públicamente.

Las culturas indígenas no se desvanecieron en el olvido con la ocupación española. Uno de los símbolos más característicos de México, la imagen de la Virgen de Guadalupe, con sus elementos tanto indígenas como europeos, tiene sus oscuros orígenes en los primeros años inmediatamente después de la caída de Tenochtitlan, donde aún quedaban ruinas y personas que recordaban el lago teñido de rojo con la sangre de los muertos. La tradición dice que, en 1531, la Virgen María se apareció a un nativo americano llamado Juan Diego en los alrededores de la Ciudad de México, en las laderas de un cerro donde anteriormente había existido un templo dedicado a Tonantzin, la madre de los dioses. Allí, los nativos americanos hacían ofrendas y llegaban de lejanas tierras con regalos. Juan Diego fue un sobreviviente de una de las confrontaciones culturales más violentas en la historia de la humanidad. Un poema escrito en esos años por los sobrevivientes dice "Y todo esto pasó con nosotros. Nosotros lo vimos, nosotros lo admiramos. Con esta lamentosa y triste suerte nos vimos angustiados. En los caminos yacen dardos rotos; los cabellos están ya esparcidos. Destechadas están las casas, enrojecidos tienen sus muros". Fue en este contexto de pérdida colosal que surgió la imagen de Guadalupe.

Según la leyenda, durante su primera aparición la Virgen le dijo a Juan Diego que fuera donde el Obispo Zumárraga y le pidiera que le construyera un templo en ese sitio. En una de las crónicas más antiguas escritas en náhuatl, la Virgen María dice:

Deseo vivamente que se me construya aquí un templo... porque yo en verdad soy vuestra madre compasiva, y de las demás variadas estirpes de hombres, mis amadores, los que a mí clamen, los que me busquen, los que confíen en mí, porque allí les escucharé su llanto, su tristeza, para remediar para curar todas sus diferentes penas, sus miserias, sus dolores.

Juan Diego ignoró la identidad de aquella "amada doncella", y fue donde el obispo a contarle lo que había visto en el cerro. El sacerdote no le creyó. En la tercera y última aparición, la imagen de la Virgen María se adhirió a la *tilma* del humilde nativo americano como prueba para el obispo, y esta misma tela aún es venerada en la Basílica de Guadalupe en la Ciudad de México, que es el santuario católico más visitado en el mundo después del Vaticano. No sería una exageración decir que la imagen de Guadalupe, cuyo culto se expandió rápidamente entre los nativos americanos y españoles, fue el primer elemento de una unión, que finalmente se transformó en una nación.

Hecho histórico o leyenda piadosa, la mayoría de los mexicanos no toman esta historia a la ligera. Hasta hace poco circulaba en México una frase que decía que había dos cosas que eran intocables: el presidente y la Virgen de Guadalupe. La mayoría de los historiadores creen que la historia fue inventada por los franciscanos. Los antropólogos señalan que las historias no vienen de la nada, y que detrás de la leyenda embellecida debe haber un núcleo histórico. Lo que nadie cuestiona es que la Virgen de Guadalupe ha sido el símbolo político y religioso más importante en la historia de México, una especie de bandera oficial. Su influencia se ha extendido incluso a la diáspora mexicana, donde es un símbolo de identidad, orgullo y lucha entre los inmigrantes indocumentados en los Estados Unidos. Para los mexicanos, no es necesario ser religioso para creer en el poder de la Virgen de Guadalupe como representante de la mexicanidad y como estandarte de sus luchas más importantes, como se verá más adelante.

Otra Joya Colonial: El Castillo de Chapultepec

De la época colonial surge otro de los íconos más distintivos de la Ciudad de México el Castillo de Chapultepec, que es, hasta la fecha, el único castillo genuino en América, ubicado entonces en las afueras de la Ciudad de México. En 1873 al virrey Matías de Gálvez, quien es afectuosamente recordado por su amor por los nativos americanos, se le ocurrió la idea de construir un palacio nuevo para la transferencia de poderes entre virreyes. El virrey Gálvez murió súbitamente sin ver su sueño hecho realidad, pero había sembrado la idea. Le correspondería a su hijo Bernardo completar el castillo. Bernardo Gálvez era un experimentado soldado quien fue un aliado clave de la Revolución Estadounidense. La ciudad de Galveston, Texas, lleva su nombre, y sentía una gran simpatía por la gente de México. Era tan popular entre los mexicanos que la corona española desconfiaba de él. La primera piedra del castillo se colocó el 23 de noviembre de 1785. Es intrigante pensar que la intención detrás de Chapultepec pudo haber sido más que pura ostentación. Es probable que se construyera exactamente con el propósito con el cual fueron construidos los castillos en Europa: por propósitos militares, y en el caso de México, para allanar el camino a la independencia.

Las ideas de libertad ya corrían por todo el continente americano, y Gálvez tuvo una distinguida carrera militar con muchos triunfos. La gente comenzó a hablar frecuentemente acerca del edificio como una fortaleza, y había un rumor de que Gálvez había estado considerando declarar la independencia de México e instalar su palacio en Chapultepec, según el viajero y geógrafo Alexander von Humboldt, quien visitó Nueva España en 1804. De ser así, entonces el rey de España no estaba tan equivocado al albergar sospechas y ordenar la detención de la construcción del castillo al año siguiente. El querido virrey Gálvez murió en 1786, y Chapultepec fue abandonado por muchos años. Pero mucha historia iba a suceder en esa colina en los dos siglos siguientes.

Capítulo 3 – El Nacimiento de una Nación

"Todas las antiguas colonias españolas están ahora en insurrección. ¿Qué forma de gobierno establecerán? ¿Cuánta libertad pueden aguantar sin intoxicarse? ¿Están sus jefes lo suficientemente iluminados para formar un gobierno bien protegido, y su gente para vigilar a sus jefes? ¿Les importa lo suficiente este asunto como para poner a sus indios domesticados en pie de igualdad con los blancos?".

—Thomas Jefferson a Alexander von Humboldt en abril de 1811

La época colonial bajo el dominio del imperio español duró tres siglos. Entre 1521, cuando Tenochtitlan capituló, y 1821, cuando México firmó su acta de independencia, Nueva España incrementó su poder desde el lago Texcoco en todas direcciones geográficas para formar un colosal país de casi cinco millones de kilómetros cuadrados. Los españoles, con la esperanza de encontrar oro y plata, se dirigieron al norte y al sur, conquistando y subyugando pueblos hasta llegar a Panamá en el sur y el centro de los Estados Unidos en el norte. Las historias sobre el Dorado, una ciudad hecha de oro, y la Fuente de la Juventud, cuentos que fueron propagados por los españoles, animaron a más expediciones en busca de reinos míticos. Solo la rebelde península de Yucatán y los mayas permanecieron en constante insurrección por siglos, conformando una zona impenetrable y ferozmente independiente.

El Reino de Nueva España, parte del Imperio Habsburgo, llegó a incluir el México actual, los estados estadounidenses de California, Nevada, Colorado, Utah, Nuevo México, Arizona, Texas, Oregón, Washington, Florida, y partes de Idaho, Montana, Wyoming, Kansas, Oklahoma, Alabama, Mississippi y Luisiana. También incluía los países modernos de América Central, Filipinas, Guam y otras islas. Sin embargo, como todo en el continente americano en ese momento, aquellas fronteras eran inestables. Las conquistas españolas respondían, además de la codicia por oro, a la expansión de Francia en el este y Rusia en el oeste, lo que llevó a España a poblar la costa del Pacífico hasta California con misiones y pueblos.

Durante el período colonial, una muy alta tasa de mortalidad causada por las enfermedades europeas, el trabajo forzoso, y la guerra resultó en una verdadera catástrofe para la población nativa. Cuando Cortés se encontró con Moctezuma, la tierra que se convertiría en Nueva España tenía una población de aproximadamente veinte millones de habitantes; en tres siglos, esta cifra se redujo a seis millones. Por otro lado, con la llegada de más españoles a América incluyendo mujeres, las poblaciones europea e indígena se mezclaron y formaron la población mestiza, la que predomina en México hasta el día de hoy, aunque debiera mencionarse que los nativos americanos, como los mayas y las tribus del norte resistieron la asimilación. Esa es la razón por la cual México aún tiene parte de su población original. En los últimos años de Nueva España, un censo ordenado por el virrey Revillagigedo reveló que el 60 por ciento de la población era indígena, el 22 por ciento era mestiza, el 18 por ciento era blanca, y un número mínimo de afroamericanos. Los blancos, incluyendo el clero, eran los dueños de casi todas las propiedades.

Aunque ya circulaban ideas libertarias por toda Nueva España, no fue hasta 1810 que un sacerdote llamado Miguel Hidalgo logró reunir a una multitud a primeras horas de la mañana de septiembre en un pequeño pueblo en el centro de México. Armados con palos, azadas y algunas pistolas oxidadas, la gente comenzó una revolución que duraría, con intermitencia, más de una década. Sus primeros pronunciamientos fueron contra la subordinación política y económica. "Mis amigos y compatriotas", exclamó Hidalgo, "no existe ya para nosotros ni el rey ni los tributos. Esta gabela vergonzosa, que solo conviene a los esclavos, la hemos sobrellevado hace tres siglos como signo de la tiranía y servidumbre; terrible mancha que sabremos lavar con nuestros esfuerzos. Llegó el momento de nuestra emancipación; ha sonado la hora de nuestra libertad; y si conocéis su gran valor, me ayudareis a defenderla de la garra ambiciosa de los tiranos". Pero los primeros revolucionarios no buscaban realmente la independencia total de España. Se rebelaron contra la ocupación de España por Napoleón. O al menos esa era su coartada.

Antes del Padre Hidalgo, habían sucedido algunas rebeliones esporádicas de nativos americanos, levantamientos de esclavos africanos, huelgas de mineros, y protestas por el hambre. En más de una ocasión se había expresado el grito de batalla "¡Muerte al mal gobierno!". La columna que siguió al Padre Hidalgo, que era más parecida a una turba furiosa y asesina que a un verdadero ejército, portaba un estandarte que puede considerarse la primera bandera de México: una representación de la Virgen de Guadalupe, una imagen venerada en la Ciudad de México poco después de la caída de Tenochtitlan, un símbolo que Hidalgo sabía que apelaba a todas las clases sociales y que atraería a todos, nativos americanos y blancos. Hidalgo y sus hombres capturaron algunas pequeñas ciudades. Sin embargo, su ardiente y aparentemente imparable rebelión fue sofocada por las superiores fuerzas españolas tras sus primeros éxitos en el centro de México. Pero ya era muy tarde, ya que la llamada de Hidalgo resonó por toda la tierra. Otro sacerdote llamado José María Morelos, un rudo militar del sur, abrazó la causa. Morelos era un hombre de piel morena, bajo, corpulento y resuelto, quien siempre usaba un pañuelo humedecido con hierbas medicinales porque sufría de migrañas.

Los líderes del movimiento de independencia proclamaron a Morelos como "Alteza Serenísima", un título que el Padre Hidalgo había adoptado para sí mismo, pero Morelos lo rechazó con vehemencia y prefería ser llamado "Siervo de la Nación". Esto era más que política o diplomacia. Morelos era un verdadero revolucionario. Cuando se le mostró un borrador para la constitución para la nueva nación, donde se estipulaba la libertad de México, pero la soberanía aún residía en el rey de España, Fernando VII, Morelos levantó su copa y exclamó, "Viva España, pero España hermana, no dominadora de América". Morelos también se deshizo de la Virgen como una bandera para los insurgentes y, por primera vez, puso la imagen de un águila sobre un cactus.

Morelos, a diferencia de Hidalgo, era un verdadero soldado. Al conocer su genialidad militar, Napoleón Bonaparte supuestamente dijo, "Denme tres Morelos y conquistaré el mundo". El hábil sacerdote se convirtió en el alma de la guerra de Independencia de México. Entre sus innovaciones estuvo la creación de un batallón de niños que lo ayudó en sus más importantes batallas. Cuando estuvieron bajo asedio en Cuautla, un pueblo al sur de México, los rebeldes escaparon, temiendo el inminente ataque. Solo un niño llamado Narciso Mendoza se mantuvo firme frente a la columna que cargaba contra él. Mecánicamente, el niño de doce años tomó una antorcha y encendió un cañón cargado con su boca dirigida a la calle por donde venía la columna realista. Esta inesperada y valiente acción les permitió a los revolucionarios regresar a sus posiciones y restaurar el orden. Morelos le asignó un salario al niño durante toda la campaña.

En 1813 Morelos presentó un documento llamado los *Sentimientos de la Nación*, una especie de proto-constitución para el nuevo país. Morelos decretó la abolición de la esclavitud y la eliminación de la figura legal del rey de España; también se decretaron leyes para eliminar la pobreza y limitar la riqueza, los trabajos serían reservados para los americanos (esto significa, no para los europeos), y decretó el fin del pago de tributos. Como forma de gobierno, a diferencia de la mayoría de los líderes de la revolución, Morelos creía en una república completamente nueva, libre de su pasado. "A un reino conquistado le es lícito reconquistarse y a un reino obediente le es lícito no obedecer a un rey, cuando es gravoso en sus leyes".

A mediados de la década de 1810, la revolución independentista se estancó. Tanto Hidalgo como Morelos habían sido arrestados y enjuiciados por la Inquisición, declarados herejes, excomulgados y finalmente ejecutados por la autoridad judicial. El nuevo virrey ofreció un indulto a los rebeldes, el cual muchos aceptaron, y en 1819, Nueva España parecía estar en paz. Unos pocos pequeños *caudillos* (líderes militares o políticos) apenas sobrevivieron en las montañas, pero continuaron la lucha, y se escucharon algunos disparos aquí y allá. Uno de esos insurgentes, Guadalupe Victoria, quien se convertiría en el primer presidente de México, pasó varios años escondiéndose en una cueva. La revolución se debilitó, pero con una chispa de vida quedó en manos de Vicente Guerrero, un rebelde del sur, quien se convertiría en el segundo presidente de México, y el primer presidente afroamericano en América. El virrey de Nueva España mandó a pedirle al padre de Guerrero, por el bien de todos, que se rindiera y aceptara el indulto. Guerrero recibió a su padre, lo escuchó y luego le pidió que se marchara con una frase que la gente aún recuerda: *"La patria es primero"*. Las cosas dieron un giro favorable mientras se iniciaba la nueva década cuando el comandante de las fuerzas realistas del sur, Agustín de Iturbide, quien fue enviado para aplastar a Vicente Guerrero, se convirtió en aliado. Juntos lanzaron el Plan de Iguala, donde declararon a México como un país independiente, católico y el hogar de españoles, criollos (blancos de ascendencia española nacidos en México), nativos americanos y mestizos por igual. Con esta alianza, las autoridades españolas se dieron cuenta de que su causa estaba perdida. Agustín de Iturbide marchó a la capital el 27 de septiembre de 1821, y así comenzó la vida del México independiente.

En este momento surgió el nombre de "México" para referirse a toda la nación que reemplazaría a Nueva España. Durante el periodo colonial, y desde los tiempos de la guerra hispano-azteca, la palabra México aparece en varios documentos, pero solo refiriéndose a Tenochtitlan y su esfera de influencia. El territorio completo era conocido como "América", "América del Norte", "América Mexicana" (en la primera constitución) y "Anáhuac", nombre que los mexicas le dieron al mundo conocido para ellos. Anáhuac significa "la tierra completamente rodeada por agua", o más formal, "la totalidad de lo situado entre las aguas". Por Anáhuac, se referían a todo lo conocido entre el océano Pacífico y el Atlántico. El sacerdote José María Morelos se refería al país como la República Anáhuac. Una de las referencias más interesantes que anticipó el nombre que México adoptaría apareció en el *Texas Gazette* el 25 de mayo de 1813, donde se le llamó los "Estados Unidos de México". Finalmente, en 1816, el término "República Mexicana" surgió durante la guerra de Independencia de México para reemplazar el de "Nueva España". La bandera de aquella república, que no existía aún excepto en la mente de los insurgentes, era un águila devorando una serpiente que estaba sobre un cactus en un lago. El país estaba abrazando su pasado indígena. El nombre oficial de la república se convirtió en los "Estados Unidos Mexicanos", el cual permanece hasta el día de hoy. Aunque todo el mundo y sus propios habitantes la llaman simplemente "México", hasta 2020, no es todavía el nombre oficial del país.

México se declaró independiente en 1821, exactamente tres siglos, menos un mes, después de la caída de Tenochtitlan. España perdió todos sus derechos sobre Nueva España, y México comenzó su propia vida como una monarquía. La anexión de la Capitanía General de Guatemala, que incluía toda América Central, fue recibida con gusto. El primer emperador de México fue Agustín de Iturbide, quien fue coronado el 21 de julio de 1822 dentro de la Catedral de la Ciudad de México, en una ceremonia notable original debido a su novedad y al carácter constitucional del gobernante. Era la "inauguración, consagración y coronación" de un monarca, algo inaudito; es más, Iturbide también era un "emperador constitucional". En la ceremonia, que fue meticulosamente preparada por los delegados en términos de simbolismo y ubicación de los participantes, el Congreso agregó muchos gestos para mostrar que, a diferencia del de Napoleón, este sería un imperio constitucional. Era el Congreso, no Dios, ni el papa, ni un monarca, quien pondría la corona en la cabeza del emperador. Muchos vieron la ceremonia como una forma de legitimación personal de Iturbide a través de la Iglesia, pero en realidad era un proyecto algo diferente, ya que Iturbide no había preparado el ritual. Los miembros del Congreso organizaron realmente la ceremonia, y ya estaban posicionando al cuerpo legal para ser el futuro rival de Iturbide.

Iturbide heredó así un país gigantesco que habría despertado la envidia del propio Alejandro Magno. Desde Panamá en el sur hasta los límites de Oregón en el norte, tenía casi cinco mil millas de extremo a extremo, o cinco millones de kilómetros cuadrados, lo que era más grande que el imperio de Alejandro. Sin embargo, lo único impresionante de México era su tamaño: muchos territorios eran solo desierto y no mucho más. La tarea de construir un país era solo el comienzo, y para México que, desde el primer día, estuvo dividido en facciones intransigentes, no sería una tarea fácil. De hecho, en los años posteriores estuvo a punto de desintegrarse y disolverse. "No puedo imaginar un peor castigo para los mexicanos", dijo el alcalde español Miguel Bataller en los primeros años de la guerra de la Independencia de México, "que permitirles gobernarse a sí mismos". Las décadas siguientes aparentemente le dieron la razón.

Capítulo 4 – "De los Salones de Moctezuma…"

"La ambición insaciable de los Estados Unidos, favorecida por nuestra debilidad, ocasionó esa guerra".

Guillermo Prieto, 1847

El México moderno nació con problemas. Tras once años de guerra, muchas partes de la ciudad estaban en ruinas: caminos, edificios y presas, y el campo estaba abandonado. Las instituciones habían sido desmanteladas, y dos problemas acuciantes serían la plaga del país durante el resto del siglo: la bancarrota de las finanzas públicas y las divisiones políticas. El tesoro nacional estaba vacío, y los ingresos futuros ya estaban comprometidos. El imperio de Agustín de Iturbide apenas duró un año antes de que una rebelión interna lo depusiera. Fue sucedido por Guadalupe Victoria, quien se convirtió en el primer presidente. Este no era su nombre real, sino uno adoptado en honor a la Virgen de Guadalupe y la victoria sobre los españoles. Victoria, quien había luchado en la guerra de Independencia de México, fue sucedido por Vicente Guerrero, quien fue el primer presidente de ascendencia afroamericana en el continente. Guerrero inmediatamente decretó la liberación de los esclavos negros y la prohibición permanente de la esclavitud, que era más bien un gesto simbólico en el centro de México, pero que tendría graves repercusiones en el norte, donde aún había esclavos, especialmente en Tejas (posteriormente Texas), que en ese tiempo era parte de México.

El gobierno de Vicente Guerrero, el liberador de los esclavos, apenas duró ocho meses antes de ser depuesto por otra rebelión. Tampoco pudo lograr mucho el tercer presidente, ya que José María Bocanegra solo duró una semana. El siguiente, Anastasio Bustamante, también fue depuesto por una rebelión. Virtualmente todos los siguientes presidentes, hasta el final del siglo, serían derrocados por golpes de estado. Aquella inestabilidad tuvo consecuencias inmediatas en el territorio que una vez fue Nueva España. Los primeros en decir adiós fueron las provincias de América Central (los países modernos de Guatemala, El Salvador, Honduras, Nicaragua y Costa Rica). El estado de Chiapas fue el siguiente cuando declaró su independencia en 1823, luego siguió Yucatán.

La República de Yucatán

Con el emperador Agustín de Iturbide fuera, un soldado rebelde llamado Antonio López de Santa Anna, un personaje que daría muchos dolores de cabeza a México en las décadas posteriores, intentó tomar la corona. Sin embargo, en lugar de asumir el título real de Antonio I como deseaba, fue enviado a ser el gobernador del lugar más lejano del país, Yucatán, el estado más pobre de la república. Fue casi equivalente a un exilio.

En esa época, la única forma de alcanzar la península, hogar de los mayas y el antiguo centro del imperio precolombino, era por mar. Lejos de la Ciudad de México, Yucatán se ganaba la vida con sus relaciones comerciales con el Caribe, especialmente la vibrante ciudad de La Habana. El gobernador Santa Anna se dio cuenta de que los comerciantes y los principales hombres de Yucatán se sentían más cercanos a España que a México, ya que se referían a México como si fuera otro país. La economía de Yucatán era sostenida por su comercio con las colonias españolas. El problema era que México ordenó a los gobernadores suspender el comercio con España y sus colonias, incluyendo Cuba, lo que significaba cortar la principal fuente de ingresos de Yucatán. La clase dirigente de la península quería dar marcha atrás a la independencia y reincorporarse al imperio español, o por una cuestión de elección, declararse a sí misma una república independiente.

Santa Anna solicitó al gobierno federal el levantamiento de la prohibición del comercio con Cuba, pero el gobierno central frunció el ceño ante esa solicitud. Santa Anna concluyó, mostrando su habilidad de pensar a gran escala que demostró durante toda su vida, que la única manera de ayudar a Yucatán sería haciendo a Cuba independiente y anexándola a México. Con ese propósito en mente, lideraría una expedición liberadora. Reunió a cinco mil hombres y despejó las cubiertas para partir en agosto de 1824. De acuerdo a sus cálculos, los habitantes de la isla lo recibirían como un héroe. Sin embargo, España se enteró de sus planes y fortificó la isla. Además, el gobierno de México, bajo presión diplomática de los Estados Unidos y Gran Bretaña, quienes no deseaban alterar el balance en el Caribe, le dio un tirón de orejas a Santa Anna. Sin patrocinio o protección de nadie, lo que podría haber sido un interesante capítulo en la vida de México fue dejado a un lado.

Texas y El Álamo

México se extendía por casi cinco millones de kilómetros cuadrados, pero tenía solo seis millones de habitantes, la mayoría de ellos ocupaban el centro-sur del país. La densidad de población del país era de 1,2 habitantes por kilómetro cuadrado, lo que era tres veces menos de lo que Canadá o Australia tenían en el siglo XIX. Era prácticamente una invitación a ser invadido, y más regiones comenzaron a amenazar con separarse. La antigua Nueva España, que había abarcado un territorio superior al de toda Europa Occidental, se enfrentaba a la sombría posibilidad de desintegrarse. La separación de América Central ocurrió sin un solo disparo, y Yucatán estaba tan lejos de todo que probablemente era más costoso alinearla que perderla.

El emperador Iturbide había estado preocupado por la lejana Tejas desde el comienzo, ya que España no había hecho esfuerzos por colonizarla. Sin embargo, pocas personas querían mudarse a Texas, aunque el gobierno ofrecía ayuda para colonizar sus tierras. Había buenas razones para no querer llevar a la familia a Texas: el lugar estaba en la región de los apaches, comanches, wichitas, caddos, tonkawas, cherokees y karankawas, pueblos que España no pudo subyugar. Eran guerreros feroces y con corazón de león, dotados de caballos y armas. En 1835 el gobierno mexicano intensificó las hostilidades, e incluso ofrecía 100 pesos por cada cuero cabelludo de un apache mayor de 14 años, 50 pesos por el cuero cabelludo de una mujer, y 25 pesos por el de un niño.

En Tejas, el gobierno mexicano donó tierra, otorgó exenciones tributarias, y permitió la libre importación de cualquier artículo necesario para la colonia. Esas eran condiciones tan especiales que el Secretario de Estado de Estados Unidos, Henry Clay, comentó, "¡los mexicanos deben tener poco interés en mantener Texas, ya que la están regalando!". En 1825, Stephen Austin llegó a la región tras recibir el permiso del gobernador de Tejas, Antonio Martínez. Las primeras trescientas familias anglosajonas de Austin llegaron junto a sus esclavos. México les había otorgado permiso con la condición de jurar lealtad al país y que no trajeran esclavos, pero Texas estaba muy lejos como para hacer valer estas leyes. No habían pasado diez años y la población anglosajona, que consistía en protestantes bien educados y bastante acomodados, con un espíritu pionero y emprendedor, ya era tres veces mayor que la hispana. Sin embargo, desafortunadamente la coexistencia no fue amigable. Los ciudadanos anglosajones (aunque en ese momento eran oficialmente mexicanos) llamaban "grasientos" a los hispanos, ya que creían que su piel morena parecía tierra y porque freían su comida en manteca. También era tabú para los ciudadanos anglosajones mezclarse con las familias hispanas o mestizas. Algunos comenzaron a ver a los mexicanos como menos que humanos y prescindibles, y lo mismo ocurrió con los nativos americanos y negros. Creed Taylor, un inmigrante que se unió a la Revolución de Texas cuando tenía quince años, recordaba "pensaba que podía disparar contra los mexicanos como a los indios, o ciervos o pavos, por eso me uní a la guerra".

Cuando Vicente Guerrero abolió la esclavitud, la onda expansiva le llegó como un terremoto a la colonia de Stephen Austin, la que ya tenía ocho mil personas. Un cuarto de ellas eran esclavos negros. Estando tan distante, ya que Texas estaba a novecientas millas de distancia, no era mucho lo que México podía hacer excepto por incrementar su presencia militar e intentar hacer cumplir la ley. Un informe de 1830 de un enviado oficial le recomendó al gobierno suspender nuevos permisos de entrada, permitir la llegada de ciudadanos de Alemania, Suiza y México para reducir la influencia estadounidense, y eliminar el período de gracia para no pagar impuestos. Los colonos de Austin comenzaron a conspirar. En la capital de México ya no era un secreto que un conflicto se estaba gestando. Cuando los anglosajones expulsaron a los hispanos mexicanos y se declararon independientes en 1836, Santa Anna, quien asumió la presidencia por primera vez en 1833, abandonó furioso el sillón presidencial para personalmente aplastar a los separatistas de Texas. Cuando las tropas de Santa Anna llegaron al Álamo, una antigua fortaleza y misión construida por los españoles en el siglo XVIII, sus hombres le informaron que muchos rebeldes de Texas se habían refugiado allí. De acuerdo a algunos testimonios, el ejército mexicano primero envió a un mensajero con una bandera blanca para ofrecerle a los defensores la oportunidad de rendirse. Antes de que el enviado pudiera tocar la puerta del Álamo, William Travis, el hombre a cargo, le disparó. Los rebeldes fueron declarados como "piratas", y, por lo tanto, merecían la pena de muerte. Hubo muchas bajas en ambos lados, que lucharon valientemente. Este dramático enfrentamiento, y el asesinato de prisioneros en el Fuerte Goliad, convirtió a la Revolución de Texas en un conflicto racial. Santa Anna fue capturado días después cuando soldados de Sam Houston lo sorprendieron en un campamento mal planificado, pero en lugar de matarlo, lo llevaron donde Houston, quien lo hizo prisionero por varios meses.

La Revolución de Texas está rodeada por cuentos populares e historia de heroísmo. Uno de los episodios más coloridos, que tiene una base histórica, aunque los detalles difieren de una versión a otra, sucedió cuando el general Santa Anna era un prisionero. Uno de los soldados de Texas lo vio masticando la resina de un árbol que el general llevaba entre sus pertenencias, y le preguntó qué era. Santa Anna respondió y le dijo que se llamaba chicle. El soldado, llamado Adams, recordó la información, y años después, le agregó azúcar y colores y lanzó la multimillonaria industria de chicles junto a William Wrigley. Mientras tanto, en México, el ejército abandonó a Santa Anna como prisionero de Houston. Eternamente dividida, las intrigas y traiciones en la capital provocaron que México perdiera la Provincia de Tejas, que proclamó su independencia en 1836 y se volvió la República de Texas. Dado que Chiapas y Yucatán eventualmente regresaron al redil, el estado de la estrella solitaria fue el único de México que logró separarse exitosamente a través de un conflicto armado para convertirse en un país independiente, aunque recibió ayuda de los Estados Unidos.

Alentados por el ejemplo de Texas, los vientos de independencia nuevamente comenzaron a soplar en Yucatán, especialmente cuando México decretó que los estados perderían su soberanía para convertirse en departamentos; sus gobernadores serían designados en la capital y perderían sus milicias estatales. Yucatán aprovechó la ocasión para separarse por segunda vez. En represalia, en 1841 el gobierno mexicano bloqueó los puertos de la península. El gobernador de Yucatán simbólicamente ordenó el retiro de todas las banderas de México e izar la bandera de la nueva república. La bandera de Yucatán recordaba vagamente a la bandera de los Estados Unidos: un área verde para simbolizar la independencia, con franjas rojas y blancas, más cinco estrellas que representan las cinco divisiones de la península: Mérida, Izamal, Valladolid, Tekax y Campeche.

Al igual que Texas, Yucatán tenía una extensa costa en el golfo de México y por lo tanto tenía una conexión directa con Texas por el mar sin tener que ir tierra adentro. Por lo tanto, ambas repúblicas establecieron relaciones y firmaron tratados de amistad y comercio. Hubo una representación diplomática de Texas en Mérida y una de Yucatán en Austin. El presidente de Texas, Mirabeau B. Lamar, negoció en secreto con Yucatán una alianza contra México. Para la república de la estrella solitaria, esto no era solo un movimiento altruista hacia Yucatán: su propia vida independiente aún era frágil. Mientras México permanecía ocupado tratando de sofocar los intentos separatistas en la península, dejaría sola a Texas. Yucatán acordó pagar ocho mil dólares mensuales a Texas para defender la costa yucateca de los ataques mexicanos, y ambas repúblicas acordaron que si había cualquier botín de los barcos que capturaran, los repartirían equitativamente. Aunque los barcos de Texas brevemente patrullaron la costa yucateca, nunca enfrentaron a México. Sin embargo, aislada y en peligro de aniquilación ante los conflictos internacionales e internos, unos años más tarde, Yucatán reconoció la necesidad de reincorporarse a México y regresó con la cola metida entre sus piernas metafóricas.

Problemas más urgentes se gestaban en el norte. Cuando los Estados Unidos reconocieron la independencia de Texas, y algunos años después incluso aprobaron la anexión de la joven república, por lo tanto, convirtiéndose en el estado número 28 de la Unión Americana, México lo consideró como una provocación. A pesar de las vehementes recomendaciones del gobierno británico, los generales mexicanos comenzaron a exigir algún tipo de castigo. Las palabras de los ingleses resultaron ser proféticas. Cuando Texas declaró que el río Grande sería su nueva frontera, casi 200 kilómetros (un poco más de 124 millas) más al sur de lo originalmente acordado, estallaron las tensiones. Los Estados Unidos habían ofrecido comprar Texas y California a México, pero este último siempre se negó. El presidente estadounidense James K. Polk, un expansionista que casi había ido a la guerra contra Gran Bretaña por Oregón, ofreció entre veinte y cuarenta millones de dólares por California y Nuevo México. Al mismo tiempo, Polk envió a las fuerzas armadas a la frontera, con la esperanza de hacer un punto, y también con la esperanza de que México cediera ante la intimidación. En marzo de 1846, tropas estadounidenses cruzaron la frontera internacional, la que estaba marcada por el río Nueces, y continuaron hasta alcanzar el río Grande. Esta era una clara provocación, ya que la región era habitada por familias mexicanas. Cuando México les exigió retirarse, explotó el primer incidente. En Washington D.C., el presidente Polk gritó desde los techos que México había derramado sangre estadounidense en suelo estadounidense, lo que era falso. Con su objetivo logrado, el gobierno estadounidense rápidamente declaró la guerra contra su débil vecino del sur.

El resultado de la guerra mexicano-estadounidense fue predecible. Al comienzo del conflicto, los Estados Unidos tenían 22 millones de habitantes, México menos de 7 millones. El primero tenía una economía pujante y una poderosa base industrial, mientras que México estaba en bancarrota, e incluso en medio de la guerra, estaba rebosante con divisiones. En vez de unirse contra un enemigo común, los mexicanos continuaron con sus eternas divisiones e incluso planearon más revoluciones. Muchos gobernadores estatales, mezclando sus prioridades, se negaron a enviar tropas para ayudar al esfuerzo de guerra. Yucatán se declaró neutral, y otros promovieron rebeliones contra los presidentes. Increíblemente México tuvo siete presidentes entre 1846 y 1848, los años de la guerra contra los Estados Unidos. Los jefes locales dejaron solo al gobierno federal, con armas obsoletas y generales improvisados, para defender un inmenso territorio semi-deshabitado frente a un gigante industrial. Los soldados mexicanos eran en su mayoría campesinos reclutados contra su voluntad, y estaban mal alimentados y desmoralizados al ver cómo los heridos eran abandonados en el campo de batalla. Para enero de 1847, los Estados Unidos ya habían anexado las provincias de Nuevo México y California, así como otras partes del país. Los Rangers de Texas, en este punto de la historia famosos por su indisciplina, y aún buscando venganza por el Álamo, masacraron a innumerables civiles en Monterrey.

Esto no significó que México no luchó a niveles casi heroicos con lo poco que tenía. En medio de la guerra, el carismático general Santa Anna regresó. Exiliado en Cuba, el antiguo presidente se había enterado del desastre militar y político en su país. Sorpresivamente, fueron los estadounidenses los que fueron a pedir su ayuda. Santa Anna recibió al enviado del presidente Polk, un coronel llamado Alexander Atocha, quien le ofreció llevarlo a México con la promesa de que los Estados Unidos lo apoyarían para ser, una vez más, el presidente de México, siempre y cuando acordara vender los estados deseados EE. UU. Santa Anna dio luz verde. Creyendo que acababa de crear un traidor a su patria y ganar un aliado para EE. UU., Polk le envió una carta confidencial al comandante de la Brigada del Golfo de Estados Unidos, diciéndole que dejara pasar a Santa Anna sin ser molestado si intentaba ingresar a México.

Sin embargo, tan pronto como puso un pie en Veracruz el 12 de septiembre de 1846, los EE. UU. se dieron cuenta de que Santa Anna los había engañado. Una pequeña multitud se reunió para recibirlo como héroe tan pronto escucharon que estaba de vuelta. "¡Mexicanos! Hubo un día en que me saludaron con el título de Soldado del Pueblo", Santa Anna se dirigió al grupo. "Déjenme tomarlo nuevamente y dedicarme hasta la muerte en defensa de la libertad e independencia de la república!". Rápidamente reunió un ejército de la nada en San Luis Potosí y marchó hacia el norte para detener el imparable avance del general Zachary Taylor. En las afueras de la ciudad de Saltillo, los ejércitos se encontraron. Santa Anna le dio a Taylor la oportunidad de rendirse. "Ilustre Señor", escribió "se encuentra rodeado por 20.000 hombres y no puede, con ninguna probabilidad humana, evitar sufrir una derrota y ser despedazado con sus tropas, pero como merece consideración y una estima particular, desearía salvarlo de una catástrofe". Cuando Taylor leyó la carta gritó "¡Dile a Santa Anna que se vaya al infierno! ¡Escríbelo en español y envíalo!".

Fue entonces cuando tuvo lugar una de las batallas más feroces de la guerra mexicano-estadounidense. Santa Anna, el soldado con una pierna, animó a sus soldados y cabalgó como un rayo entre sus tropas. Un testimonio de la época lo describió de esta manera:

Galopa de una posición a otra, a pesar del dolor que sufre en su pierna incompleta, indiferente a las granadas que explotan a su alrededor. Un caballo cae muerto y él cae al suelo, se pone de pie, toma otro caballo y continúa corriendo por el campo con su espada desenvainada y agitando solo un pequeño látigo. Detrás de él, un ayudante de campo galopa para transmitir sus órdenes. Los soldados son inspirados por su ejemplo de valentía, y durante esas horas de emoción, alcanzó posiblemente el punto más honorable de su carrera.

Increíblemente Santa Anna logró una victoria, pero resulta aún más desconcertante para los historiadores el hecho de que luego del heroico triunfo, se retiró del campo de batalla, aparentemente porque sus tropas no podían continuar. Pero el error fue mucho para los Estados Unidos, que decidieron abrir un segundo frente en el golfo de México, donde el general Winfield Scott siguió la ruta que tres siglos antes Cortés había tomado hacia la gran Tenochtitlan. Scott comenzó el ataque en la capital en septiembre de 1847, que era la última línea de resistencia. A las puertas de Ciudad de México, las campanas de la iglesia, que habían estado en silencio durante días, sonaron como una sirena. Lo que resultó fue una batalla dramática y feroz. Incluso la población civil, que se había sentido aterrorizada mientras se escondía en sus casas, salió o se subió a los tejados para atacar a los invasores, incluyendo mujeres y niños. El gobierno de México, que ahora estaba huyendo, abrió las cárceles y liberó a todos los prisioneros para que se unieran a la batalla.

El 16 de septiembre, en el aniversario de la independencia mexicana, las estrellas y barras ondearon sobre el Palacio Nacional de la Ciudad de México. Mientras tanto, en los Estados Unidos, muchos en Washington pedían la anexión completa de México. La Casa Blanca mandó a llamar a Nicholas Trist, el enviado del presidente Polk para negociar la paz, para recibir nuevas instrucciones y pedir más tierras, incluyendo la península de Baja California, la península de Yucatán, y el istmo de Tehuantepec, la estrecha franja de tierra donde existe la mayor cercanía entre el océano Pacífico y el golfo de México. Trist se encontraba en un dilema porque ya había avanzado en sus negociaciones y se negó a volver a Washington. Años después, Trist le confesaría a su familia la vergüenza que lo había abrumado "durante todas las conferencias, ante la guerra injusta". Con la firma del Tratado de Guadalupe Hidalgo en febrero de 1848, el territorio de México fue reducido a la mitad. Tras la partición, muchos mexicanos fueron dejados atrás en las antiguas provincias de lo que se convertiría en

California, Nuevo México y Texas. A pesar de sufrir abusos por muchos años, lograron sobrevivir con su cultura y tradiciones en un entorno hostil. Sus descendientes fueron llamados "chicanos", un derivado de la palabra náhuatl "Meshico", y aún viven en el sur de los Estados Unidos, donde se han convertido en una presencia cultural, política y económica cada vez más relevante.

Capítulo 5 – La Gran División

Antes de perder la mitad de su territorio, los mexicanos no tenían mucho de lo que podría considerarse una identidad común. Si el trauma de la guerra y la mutilación tuvieron alguna consecuencia negativa, fue que personas de diferentes regiones, desde Baja California hasta Yucatán, comenzaron a darse cuenta de que compartían una historia y un destino común. Santa Anna, a quien el primer periodo del México independiente prácticamente le pertenecía, hasta tal punto que aquellas décadas se conocen como "el México de Santa Anna", se convirtió en presidente nuevamente en 1853, veinte años después de su primera inauguración. "Todo espera un remedio del general Santa Anna. Venga entonces, como se ha anunciado, a su misión de salvar a México de sus ruinas", publicó un periódico de la época.

A pesar de sufrir una indigestión territorial que eventualmente llevarían a su propia guerra civil, los Estados Unidos continuaron presionando a México por más tierras. Muchas voces en el norte pedían una anexión completa. En la década siguiente, los Estados Unidos iniciaron nuevos reclamos en la frontera, dado que su planificado tren transcontinental hasta el Pacífico necesariamente debía pasar por territorio mexicano, ya que el lado estadounidense era muy montañoso. James Gadsden, el embajador en México, se reunió con Santa Anna y le mostró un mapa con la frontera que su país deseaba; no solo incluía la relativamente pequeña porción de tierra por donde el tren debía pasar, sino también tenía una línea internacional que estaba mucho más al sur. En vista de la ocasión, Gadsden fijó la línea de tal forma que la península de Baja California y los estados mexicanos de Sonora, Sinaloa, Durango y Chihuahua pasarían al dominio de los Estados Unidos. Si México accedía a esta demanda, su territorio nuevamente sería cortado a la mitad. Una banda de aventureros acababa de fallar en su intento de anexar Baja California y Sonora a los Estados Unidos, y era como si la situación de Texas estuviera ocurriendo nuevamente. Santa Anna se dio cuenta de que EE. UU. estaba dispuesto a ir a una nueva y con mucho gusto le arrebataría otra mitad de su territorio si no resolvía pronto el problema de la Mesilla. Aquel era el nombre del territorio por el cual atravesaría el tren proyectado, ubicado en los estados modernos de Arizona y Nuevo México.

La operación conocida como la "Compra de Gadsden" fue firmada en 1853; el gobierno mexicano obtuvo 15 millones de dólares por 76.000 kilómetros cuadrados. De esa forma, el general Santa Anna actuó con un sentido práctico y evitó una guerra, pero la gente no lo perdonó. Santa Anna, quien anteriormente era liberal, se convirtió en una suerte de rey frívolo que se llamaba a sí mismo "Alteza Serenísima", tal como el Padre Hidalgo en la guerra de Independencia de México, y para poder mantener los excesos de su extravagante corte, inventó impuestos absurdos para la población como impuestos al número de ventanas en una casa, impuestos por cada mascota, entre otros.

Sin embargo, su última estadía en el Palacio Nacional dejó una de las marcas más distintivas de México. En 1853, Santa Anna organizó un concurso para elegir un himno nacional que uniría a los mexicanos esparcidos por el norte, el sur y el este. Primero, se abrió un concurso para escoger la letra. Había un joven y talentoso poeta llamado Francisco

González Bocanegra quien no se atrevía a competir porque escribía más que nada poemas de amor. Bocanegra consideró que un himno patriótico estaba fuera de su alcance lírico. Dado que se resistía a entrar a la competición, a pesar de que sus amigos lo animaban a escribir, su novia, disgustada, le tendió una pequeña trampa. Con trucos, lo acompañó hasta una habitación apartada en casa de sus padres, lo empujó hacia el interior e inmediatamente le puso candado a la puerta, advirtiéndole que no lo dejaría salir hasta que escribiera algo. Cuatro horas después, Francisco deslizó por debajo de la puerta lo que sería el Himno Nacional Mexicano. Ganó el concurso de manera unánime.

Luego se abrió el concurso para la música, el cual fue apropiadamente ganado por un compositor español llamado Jaime Nunó, un director de varias bandas militares. De esta forma, las dos naciones que habían dado a luz al México moderno se fundieron en un himno.

Los versos del himno reflejan la historia y carácter del país. Con un tono casi apocalíptico, el poema está lleno de tragedia, rumores de guerra, ondas de sangre, extraños enemigos que profanan la patria, torres y palacios que se derrumban con un horrible estruendo, mención de una tumba, y el dedo implacable de Dios. Las murallas de la habitación donde Bocanegra estuvo encerrado estaban decoradas por varias escenas de la historia de México, las que inspiraron al poeta a escribir las estrofas. Las pinturas deben haber sido horribles. "Antes, Patria, que inermes tus hijos, bajo el yugo su cuello dobleguen, tus campiñas con sangre se rieguen, sobre sangre se estampe su pie, y tus templos, palacios y torres, se derrumben con hórrido estruendo, y sus ruinas existan diciendo: de mil héroes la patria aquí fue".

El himno fue interpretado oficialmente por primera vez el 16 de septiembre de 1854, Día de la Independencia. La orquesta estuvo dirigida por el propio director Jaime Nunó en presencia de un envejecido Santa Anna.

La Guerra de Reforma

Cuando un nuevo levantamiento en el sur derrocó a Santa Anna, se abrió nuevamente la eterna división entre liberales y conservadores, esta vez con más brutalidad. Los liberales querían una república al estilo estadounidense, una que fuera representativa, federal y popular, con separación entre la iglesia y el estado. Sobre todo, querían expropiar la propiedad de la Iglesia católica, que tenía grandes recursos desde la época de Nueva España. La Iglesia a menudo prestaba dinero al gobierno, y poseía amplios activos, los cuales en muchos casos eran improductivos. Los conservadores, viendo el caos en el que el país había estado por varios años, con sus estados rebeldes y un congreso inepto y obstructivo que nunca lograba nada, buscaba un estado fuerte, centralista, apoyado en la Iglesia y el ejército.

La división tenía profundas raíces históricas. El desastre militar que terminó en una derrota infligida por los estadounidenses hundió al país en un período de abatimiento que permeó todos los aspectos de la vida social. Esta situación dio lugar a un examen autocrítico del predicamento nacional, y originó una búsqueda renovada de soluciones viables a los problemas que afligían al país. Los conservadores más eminentes propusieron un cambio en el rumbo de la política, postulando el regreso a las viejas costumbres, y la preservación de las instituciones y modos de coexistencia heredados de su pasado español. Alrededor de esas ideas emergió con abrumadora fuerza un partido conservador, opositor y militante. Los conservadores apuntaron sus ataques ideológicos a refutar la doctrina liberal, argumentando que querían salvar al país de la anarquía y la ruina, que, en su opinión, era inminente. Ellos atribuían esta situación al hecho de que el México independiente se había distanciado de su pasado histórico para adoptar sistemas de gobierno basados en principios e instituciones copiadas de modelos extranjeros; ellos postulaban que los mexicanos debían luchar en dirigir sus esfuerzos hacia la reconstrucción del país, y que deberían inspirarse en sentimientos de respeto a la autoridad, la religión y la propiedad. En última instancia, luego de ver levantamiento tras levantamiento, así como la pérdida gradual de territorio, llegaron a proponer a la monarquía como la única salvación.

Luego de la caída final de Santa Anna, la llamada guerra de Reforma estalló con una inusual fuerza. El país se dividió entre quienes apoyaban la nueva constitución de 1857, que decretaba la libertad de culto, libertad de prensa e igualdad ante la ley entre otras cosas, y aquellos que se oponían. La situación era mucho más que solo política. El momento incluso dividió a las familias, donde el respeto hacia las autoridades eclesiásticas pesaba contra quienes, como muchos creyentes sinceros, consideraban que la Iglesia debía someterse a la autoridad política. La guerra de Reforma no fue solo un levantamiento de un general rebelde para poner a un presidente en el lugar de otro. Era una revolución para definir la dirección del país. En la guerra, que no era regional sino nacional, ambos lados cometieron actos injustos contra la Iglesia y los civiles, exigiendo préstamos forzosos que nunca serían pagados. Aunque fueron derrotados al inicio, los liberales cambiaron el curso de la guerra en la batalla de Silao en 1860. Los conservadores se dispersaron en facciones guerrilleras mientras continuaban estudiando cómo asegurar la intervención de una potencia europea.

En 1859 el presidente liberal Benito Juárez decretó la nacionalización de bienes del clero para pagar deudas de ansiosos prestamistas extranjeros y fortalecer su gobierno, lo que agravó aún más la división. Durante la guerra de Reforma hubo dos presidentes, uno en Veracruz y otro en la Ciudad de México, y ambos bandos buscaron ayuda extranjera. Juárez ofreció más territorio a los Estados Unidos, pero afortunadamente para México, la oferta fue rechazada por el congreso de EE. UU. A principios de 1861, Benito Juárez, quien representaba la nueva dirección del país, hizo su ingreso a la Ciudad de México y expulsó a los miembros del clero, incluyendo obispos y embajadores de países que no lo habían apoyado. Pero las hostilidades estaban lejos de terminar. Desde el comienzo el gobierno seguía en bancarrota. El valor de las propiedades de la Iglesia había sido sobreestimado, y muchos bienes habían sido desperdiciado, y los ministros no eran capaces de organizar las finanzas públicas. Muy a su pesar, Juárez, con ideas progresistas, pero un tesoro nacional vacío, se vio forzado a suspender el pago de la deuda externa. Los dados estaban echados, y el siguiente capítulo de México es uno de los momentos más dramáticos y estudiados de su existencia, a pesar de haber sido breve: la monarquía. Y no era simplemente cualquier monarquía, era un imperio.

Capítulo 6 – "El Imperio Más Hermoso del Mundo"

"Nuestros enemigos pueden ser los mejores soldados del mundo, pero ustedes son los mejores hijos de México".

Ignacio Zaragoza a sus hombres, batalla de Puebla, Cinco de Mayo

En aquellos días, declarar la suspensión de los pagos de la deuda externa no era poca cosa, especialmente cuando los deudores eran Gran Bretaña, Francia y España, Francia estaba bajo Napoleón III, quien había prometido extender su dominio hacia el exterior, y España, aunque tenía relaciones diplomáticas con México, seguía desconfiando de su antigua colonia, e incluso había contemplado reconquistarla. Tan pronto como el presidente Juárez anunció que no pagaría, las tres naciones enviaron sus flotas de guerra a México para exigir colectivamente, a punta de pistola, el pago de los intereses. Cuando llegaron a Veracruz, donde Hernán Cortés y Winfield Scott habían desembarcado en su camino hacia la capital, la alianza tripartita se apoderó de las aduanas de los puertos más importantes en el golfo. El representante de México se reunió con la comisión y garantizó a los europeos que el país podía e iba a pagar.

Sin embargo, uno de los tres países tenía intenciones más allá de lo netamente financiero. Napoleón III había concebido la idea de que podía establecer una monarquía en México y así tener un aliado que lo ayudaría a frenar la expansión de los Estados Unidos y proteger la cultura de América Latina, un término acuñado por él, a partir de la avanzada anglosajona protestante. Napoleón también tenía esperanzas en un canal proyectado en Nicaragua o uno que cruzara el istmo de Tehuantepec. Cuando España y Gran Bretaña se dieron cuenta de que las tropas de Napoleón III no planeaban retirarse sino marchar hacia la Ciudad de México y tomar el país, ellos se lavaron las manos y navegaron de regreso a Europa. Un alarmado Juárez vio cómo una formidable amenaza se cernía sobre México, mientras el ministro francés Dubois de Saligny publicaba un manifiesto a los mexicanos, donde reiteró que Francia no albergaba malas intenciones.

> Mexicanos, no hemos venido para tomar partido en sus divisiones. Hemos venido para ponerles término. Lo que queremos es invitar a todos los hombres de buena voluntad a unirse a la consolidación del orden, la regeneración de este gran país. Y para dar muestra de nuestro sincero deseo de esta conciliación...les hemos pedido aceptar nuestra ayuda para establecer un estado de cosas en México que nos impida tener que organizar nuevamente estas costosas expansiones.

Cuando el ejército de los *Pantalons Rouge*, bajo las órdenes de Charles de Lorencez, vio a la distancia la ciudad de Puebla, estaban prácticamente a las puertas de la capital. El general Lorencez escribió a Napoleón III que tenía tal superioridad militar y humana sobre los mexicanos, que ya podía considerarse como el amo de México. El ministro francés Saligny le aseguró a Lorencez que los mexicanos lo recibirían con una lluvia de flores en Puebla.

La Batalla del Cinco de Mayo

Juárez estaba listo para la posibilidad de un gobierno en el exilio, pero primero, envió a su mejor general para intentar detener a los franceses. Ignacio Zaragoza nació en Texas cuando aún era una provincia mexicana, y parecía más un estudiante de seminario que un soldado. A las puertas de Puebla, algunos le recomendaron a Lorencez pasar de largo y dirigirse directamente a la Ciudad de México, pero aún quedaba por encargarse del Fuerte de Guadalupe que se encontraba en un cerro, dado que allí esperaban las fuerzas de Zaragoza, muchas de ellas compuestas por campesinos con armas apolilladas. Lorencez decidió tomar la ciudad, seguro de que cualquier resistencia se desmoronaría en media hora. En la guerra contra los Estados Unidos quince años antes, el ejército mexicano solía retirarse en medio del caos, corriendo presa del pánico y saqueando todo a su paso tras un colapso. Zaragoza tuvo cuidado de imponer orden y disciplina. Muchos voluntarios civiles se presentaron en el campo mexicano para ayudar a cavar trincheras y levantar barreras. Algunos solicitaron unirse al ejército de defensa, pero había que enseñarles incluso a cargar un rifle.

El plan de Lorencez era simple: pulverizar la fortificación con cañonazos y luego liquidar a los sobrevivientes con la caballería. La campana de la catedral de Puebla sonó a las diez de la mañana en punto cuando los franceses ingresaron, y los aterrados ciudadanos se encerraron en sus casas. Las calles quedaron desiertas. Cuando Lorencez pensó que había roto la línea defensiva, cargó con una columna que se encontró con una lluvia de balas de los mexicanos, quienes no solo se mantuvieron firmes, sino que también se lanzaron contra los franceses. En la cima del Cerro de Guadalupe, se produjo un sangriento combate cuerpo a cuerpo entre los mexicanos y los feroces zuavos, un recién llegado regimiento francés de infantería de la Legión Extranjera. A las cuatro de la tarde, los franceses, desconcertados, se retiraron, y la caballería de Zaragoza los siguió. Cuando el ejército más poderoso del mundo fue derrotado, el general mexicano telegrafió al presidente, "las armas nacionales se han cubierto de gloria". Parecía algo salido del himno. La fecha fue el 5 de mayo de 1862.

La noticia fue recibida en Francia con estupor. Aunque Napoleón regresaría casi un año después con una fuerza cinco veces más grande, 25.000 soldados de élite, el retraso de un año en los planes de Napoleón resultó crítico para el eventual colapso de la monarquía mexicana. Casi ajeno a este drama, en el Castillo de Miramar en Italia, el archiduque italiano Maximilian de Habsburgo recibía un encargo mexicano que le ofrecía la corona de México. "Estamos perdidos si Europa no viene en nuestro auxilio", escribió uno de los conservadores más inteligentes, Lucas Alamán, y los mexicanos que acudieron a Maximilian y su esposa, la princesa Charlotte de Bélgica, estaban haciendo precisamente eso. Le solicitaron a la pareja que fueran los monarcas del antiguo imperio de Moctezuma. No eran traidores, como los retrataría posteriormente la historia. Realmente tenían la sincera convicción de que solo una monarquía fuerte patrocinada por una potencia mundial podía salvar a México de la desintegración.

La Corona de México

Maximilian de Habsburgo, el hermano del emperador Francisco José I del Imperio austrohúngaro, fue un hombre de ideas liberales. Era educado, idealista y escéptico de que los mexicanos realmente lo querían en el país. Primero exigió evidencia de que él no sería una imposición, y cuando se le presentó un supuesto plebiscito con las firmas del 75% de los mexicanos, aceptó el trono y prometió que "establecería instituciones liberales y sabias y orden". La comisión mexicana, que estaba formada por conservadores, hizo una mueca ante esas palabras, pero ya era muy tarde para retractarse. Maximilian nunca estuvo completamente convencido de la aventura, ya que estaba llena de riesgos y lejos de su amado Castillo de Miramar, donde le gustaba cuidar de su jardín botánico, su velero y hacía viajes exploratorios alrededor del mundo, pero su esposa Charlotte, una de las princesas más bellas y educadas de toda Europa lo convenció. Lo máximo que habían logrado hasta el momento era el virreinato del pequeño territorio de Lombardía-Venecia. En comparación, México era tres veces más extenso que el poderoso imperio austrohúngaro del hermano de Maximilian, Francisco José.

Charlotte, de apenas 23 años, había sido educada para ser jefa de estado. Hablaba francés, alemán, flamenco e inglés, y sabía de diplomacia, política internacional e incluso ciencia militar. Lo que más temía en ese momento, como escribió en 1866, era quedarse a "contemplar una roca hasta los 60 años", refiriéndose al acantilado donde el castillo de la pareja fue construido. En abril de 1864, Maximiliano y Carlota, sus nombres adoptados para el México de habla hispana, abordaron el barco rumbo a América. Se detuvieron en Roma para recibir la bendición del papa Pío IX, oyeron misa en el Vaticano y se adentraron en el Atlántico. Menos de un mes después vieron el Pico de Orizaba, la montaña más alta de México, visible desde 200 kilómetros (un poco más de 124 millas) de distancia. Cuando Maximiliano llegó al puerto de Veracruz a las nueve de la mañana, leyó una proclamación ante la gente que estaba allí para recibirlo. "Mexicanos, ustedes me han deseado". Bajó los escalones y pisó suelo mexicano. Sin embargo, fue en Orizaba, 130 kilómetros (casi 81 millas) tierra adentro donde recibieron su primera recepción formal y experimentaron contacto real, que rayaba en la adoración, de las personas. Antes de entrar a la ciudad, los nativos americanos se acercaron al cortejo, soltaron a las mulas del carruaje, y se pararon frente a él para tirarlo por la avenida principal. Maximiliano se sonrojó de la vergüenza. Se negó vehementemente a ser transportado por los nativos americanos como si fueran bestias de carga, pero insistieron tanto, y los recién llegados estaban tan decididos a no permitir tal trato, que tuvieron que descender y caminar hasta Orizaba, con sus calles repletas con arcos de flores.

A medio camino de la capital, la pareja hizo otra parada en Puebla, el sitio de la famosa batalla del Cinco de Mayo, donde la recepción fue cálida. Muchos mexicanos, a pesar de todo, estuvieron dispuestos a concederles el beneficio de la duda. Tenían alguna esperanza de que quizás gobernantes bien intencionados podían detener las constantes revoluciones, el reclutamiento forzoso, y la desintegración del territorio. Sobre todo, querían que alguien ayudara a los olvidados, a aquellos quienes habían estado observando toda su vida cómo un general tras otro luchaba por la presidencia: los nativos americanos, los dueños originales de la tierra, quienes seguían siendo la mayoría de la población del país.

Muchas personas en Puebla les dieron la bienvenida desde los balcones. Muchos hombres a caballo, junto con sus hijos, los escoltaron hacia el centro de la ciudad. Las campanas sonaron, y la pareja recibió un nuevo golpe de confianza. Mientras estaban en la ciudad, Carlota (Charlotte) cumplió 24 años, y las personas la saludaron, pero tras ver el lamentablemente estado de los hospitales, orfanatos y escuelas, ella corroboró lo que sospechaba desde su llegada: que el país estaba destruido tras seis décadas de guerra civil. Impactada por la disparidad social, la princesa Carlota escribió que México presentaba contrastes imperdonables. "Si algún país alguna vez se salvó milagrosamente de un estado del cual no pudo salir, estoy segura de que lo será ahora". La recepción en México fue aún más entusiasta. El centro histórico de la Ciudad de México se llenó con el desfile de los *Pantalons Rouge*, los soldados de Napoleón, mientras los nuevos monarcas pasaban bajo arcos de flores. Juárez y su gobierno se habían ido al exilio.

La pareja fue coronada en la catedral de Ciudad de México el 10 de abril de 1864. Pasaron la noche en el Palacio Nacional, pero el edificio estaba en un estado deplorable. La primera noche, Maximiliano tuvo que dormir en una piscina porque había chinches. Pronto, encontraron el lugar que buscaban. A unos ocho kilómetros (casi cinco millas) de la ciudad estaba el Castillo de Chapultepec, el que había sido construido por Bernardo Gálvez sobre un cerro rocoso, aunque durante la época de Maximiliano, estaba en ruinas. Maximiliano, un optimista por naturaleza, se propuso adaptarlo para su corte. En un corto lapso de tiempo, el antiguo, pero reformado, castillo se convirtió en la sede del gobierno imperial.

Un Imperio Liberal

A pesar de muchos actos que los liberales llamaron burlescamente como excesos ridículos de Maximiliano y Carlota, como tener una ceremonia completa para su corte y sus lujosas recepciones en el Castillo de Chapultepec, los monarcas no eran ni déspotas ni tampoco carecían de sensibilidad hacia la población. Su primer acto fue recibir a una delegación de nativos americanos quienes traían reclamos acerca de sus tierras ancestrales. Los monarcas fueron aún más allá e intentaron establecer políticas con las que nadie jamás había soñado en México: abolición del trabajo de los menores, libertad de culto, libertad de prensas, jornadas laborales limitadas con dos días libres, prohibición de castigos corporales, libertad para elegir dónde trabajar, la obligación de los empleadores de pagar en efectivo (una novedad absoluta), escolaridad obligatoria y gratuita para todos los niños, atracción de científicos y técnicos extranjeros, el establecimiento de sistemas de alcantarillado en las ciudades, la plantación de árboles y la obligación de los ciudadanos de cuidarlos, derechos de propiedad sobre la tierra para los campesinos, libertad del peonaje y mejora de hospitales, hogares de ancianos y casas de caridad. Estas medidas buscaban establecer las bases de un sistema económico liberal, pero humano, un tipo de proto-socialdemocracia.

Mucho menos conocidos fueron sus planes, que nunca expresaron públicamente, de recuperar América Central y el Caribe o al menos extender la esfera de influencia de México hacia el sur y el este, estableciendo Yucatán como el centro de gravedad a partir del cual México se convertiría en un poder continental. Pero las cosas no les saldrían bien. Durante un tiempo el imperio logró suficiente estabilidad para ser reconocido por naciones europeas, pero en 1866, las cosas empezaron a cambiar.

Los conservadores que habían traído a Maximiliano estaban decepcionados de él, ya que era incluso más progresista que el odiado Juárez. La Iglesia y el Vaticano le quitaron su apoyo porque el emperador no revocó las leyes de reforma ni restauró la propiedad de la iglesia. Y los liberales, quienes apoyaban a Juárez en el exilio, llamaban tiranos a Maximiliano y Carlota. Nadie estaba feliz con los jóvenes gobernantes. Algo aún más decisivo fue la entrada de los Estados Unidos a la escena. EE. UU. nunca había aprobado la interferencia europea en el continente. Los presidentes Abraham Lincoln y Juárez se apoyaban mutuamente, y los estadounidenses consideraban inadmisible tener una monarquía apoyada por Francia al otro lado del río Grande. La guerra civil de EE. UU. impidió que el país interviniera en México y ayudara a los liberales. Sin embargo, en 1866 las cosas fueron diferentes. Finalmente, Napoleón III se vio tan abrumado con problemas en París, con el surgimiento de la Alemania unificada de Otto von Bismarck, y Napoleón reclamaba que sus mejores generales estaban en México. Cuando Napoleón III anunció que retiraría sus tropas en América, Maximiliano entendió que los días de su imperio estaban contados.

En 1866 el presidente Andrew Johnson ayudó a Juárez y sus seguidores con armas y combatientes estadounidenses deseosos de hacer algo tras el final de la guerra civil. Los hombres de Juárez con sus refuerzos extranjeros comenzaron a avanzar hacia el sur, reconquistando territorios, mientras que Francia se retiró de México. Napoleón III no quería arriesgar una guerra con los Estados Unidos. A finales de junio de

1866, anunció el retiro gradual de sus tropas y sugirió a Maximiliano que abdicara. Maximiliano consideró la posibilidad de regresar a Austria, pero la princesa Carlota se negó obstinadamente. Desesperada, viendo cómo perdían cada vez más territorio, ella se ofreció personalmente para viajar a Europa para apelar ante Napoleón.

Los liberales se enteraron del viaje de Carlota a Europa, y lo tomaron como un indicio de que el imperio tambaleaba, lo que les dio impulso. Cuando Ciudad de México estaba siendo rodeada, los asesores de Maximiliano lo instaron a abandonar la capital y reunir sus fuerzas en Querétaro, una ciudad que había sido fortificada años antes por el general francés François Bazaine. Después de dos meses de hambre, asedio, y disparos, los asediados estaban comiendo carne de caballo y mula. Los hombres de Maximiliano fundieron las campanas de la iglesia, las tuberías, y todas las piezas de metal que encontraban para fabricar municiones. Los últimos soldados franceses abandonaron el país, y el emperador fue dejado con unos pocos hombres leales de su guardia austriaca y los restos del ejército conservador, que era liderado por Miguel Miramón y Tomás Mejía. Al final, uno de los hombres de Maximiliano decidió entregar la ciudad y permitir ingresar al enemigo. El emperador fue arrestado. Tras un juicio, que ya estaba perdido de antemano, fue condenado a ser fusilado en el Cerro de las Campanas, ubicado en las afueras de la ciudad de Querétaro.

Juárez estaba de regreso en el poder. Aunque varias personalidades internacionales, entre ellas el escritor Victor Hugo famoso por su obra *Les Misérables*, suplicaron por la vida de Maximiliano, Maximiliano igualmente fue llevado al Cerro de las Campanas el 19 de julio de 1867. Cuando el emperador vio el cerro exclamó "Allí es donde planeaba desplegar la bandera de la victoria, y allí es donde moriré ¡la vida es una comedia!". Estrechó las manos de cada uno de los soldados que le iban a disparar. Algunos estaban afligidos, pero él los consoló diciéndoles que eran soldados y debían cumplir su deber. También le dio a cada uno una moneda de oro y les pidió que no le dispararan en la cara para que su madre pudiera reconocerlo. "Moriré por una causa justa" fueron sus últimas palabras. "Los perdono a todos y también ruego a todos que me perdonen. Que mi sangre selle las desgracias de este país. ¡Viva México!". Unos segundos después, el archiduque austriaco, quien tanto había deseado que México prosperara, yacía muerto.

¿Y Carlota? La emperatriz había llegado a París donde un envejecido Napoleón III, rogándole no retirar su apoyo a México. Luego fue al Vaticano para arrodillarse ante el papa, tratando de arreglar las cosas con la Iglesia. Pero en la sede de San Pedro, la princesa perdió la batalla. Su mente colapsó. Carlota comenzó a hablar en todos los idiomas que conocía, mezclados, temblando violentamente, diciendo que Napoleón había enviado asesinos para matarla. Incapaz de aguantar las lágrimas, le rogó a un impactado papa Pío IX que la protegiera. Inmediatamente le escribió su última carta a Maximiliano, estaba segura de que había sido envenenada y que iba a morir. Pero la princesa no murió. Viendo que se había vuelto loca, su familia la encerró en un castillo en Bélgica, donde vivió por más de sesenta años en la oscuridad de la locura. En México, ella aún es recordada con una cancioncilla de la época: "Adiós, mamá Carlota; adiós, mi tierno amor".

Capítulo 7 – En los Tiempos de Don Porfirio

"Había un Hombre Fuerte de América. Se profetizaba un futuro deslumbrante, ya había llegado una era dorada, y la frase común era que México había abandonado su turbulento e improductivo pasado, y había empezado a tomar su legítimo lugar entre la hermandad de las naciones".

—Anita Brenner

Un triunfante Benito Juárez entró en la Ciudad de México el 21 de julio de 1867, acompañado por su más prominente general, Porfirio Díaz, quien había recuperado la capital un mes antes. Este período es conocido como la restauración de la república. Fue el triunfo definitivo de los liberales, y Juárez se convirtió en el héroe más grande de la república en los libros de texto. El aeropuerto internacional de la Ciudad de México, una gran ciudad al norte del país, e incontables escuelas y avenidas hoy llevan su nombre. Pero en los últimos años de su vida, cuando estaba casi en los setenta, se aferró a la presidencia y provocó nuevos levantamientos en diferentes partes del país. Desde la caída del imperio, los presidentes se habían trasladado al Castillo de Chapultepec. Juárez lo consideraba como un lujo excesivo y estableció su hogar en las modestas habitaciones del Palacio Nacional. Fue aquí donde murió de una enfermedad cardiaca. En sus últimas horas, derramaron agua hirviendo sobre su infartado pecho para revivirlo, todo fue en vano.

La restauración de la república no cambió los males del país, ya que sufría un levantamiento tras otro. Cansado de esta situación, el joven general Porfirio Díaz se rebeló bajo el Plan de Tuxtepec, que era "una revolución para acabar con todas las revoluciones". Díaz había sido famoso desde la batalla de Puebla el 5 de mayo de 1862, donde había mostrado un comportamiento temerario y heroico. Bajo su Plan de Tuxtepec, Díaz derrotó a las fuerzas gubernamentales, designó a un presidente interino, y un año después, en 1877, se convirtió en presidente a través de una elección legal, que fue ayudada por su creencia en no más reelecciones. Ironías de la vida, se convertiría en el presidente más longevo en la historia de México: fue reelecto varias veces por un total de 33 años, gobernando efectivamente a México desde el siglo XIX hasta inicios del siglo XX.

Porfirio Díaz Mori, quien tomó a un país pobre entre sus manos y entregó una nación más avanzada, es un personaje controversial. Por un lado, logró lo que el país deseaba por tanto tiempo desde sus inicios y había sido incapaz de lograr: estabilidad política. En la primera mitad de siglo del México independiente, solo un presidente había completado su período en paz. Uno de ellos, Santa Anna, fue presidente en once ocasiones, por su propio capricho. Dos presidentes duraron dos meses en el cargo, otros duraron menos de una semana, y uno de ellos solo un día. Díaz permaneció en el Palacio Nacional por 33 años gracias a una política de mano dura, la eliminación rápida de sus opositores, y amordazando a la prensa. Díaz había logrado la largamente deseada integración del país, que anteriormente era un grupo desarticulado de regiones aisladas. Cuando Porfirio Díaz llegó al poder, solo había un ferrocarril de Veracruz a México (la ruta de Cortés), la cual tenía 640 kilómetros (casi 398 millas) de largo. El transporte y el comercio hacia el resto del país era llevado en lomos de mulas. Al final de este período, casi 20.000 kilómetros (un poco más de 12.425 millas) de vías férreas zigzagueaban por toda la república. La población aumentó gracias al fin de las guerras y avances en salud pública, y pasó de nueve a quince millones, la población más numerosa desde el final de la guerra hispano-azteca. Con la nueva infraestructura implementada, gente del centro de México comenzó a migrar y a poblar otras áreas, especialmente los estados del norte.

En su primera revolución industrial, inversiones extranjeras fluyeron hacia la industria minera, ferrocarriles, puertos, y cultivos lucrativos como el café. Díaz y sus ministros tuvieron la sagacidad de limpiar las relaciones exteriores del país y montar la llamada primera gran ola de globalización, que ocurrió en el último cuarto del siglo XIX. Por primera vez en su historia, México se convirtió en una nación exportadora. Ninguna potencia extranjera amenazó al país durante la dictadura de Díaz. Al contrario, México estableció óptimas relaciones comerciales y diplomáticas con los Estados Unidos, Gran Bretaña, España e incluso Francia, cuyos ejércitos Díaz había enfrentado el 5 de mayo todos esos años atrás. Porfirio Díaz fue el primero en reunirse con un presidente de los Estados Unidos, William Taft, en El Paso-Ciudad Juárez. "Usted es, que yo sepa, el primer presidente de EE. UU. en visitar esta tierra".

Fue una época de reconstrucción, pacificación e unificación, pero también de represión. El primer objetivo de Díaz era pacificar el país, y para lograr esto, no dudó en eliminar, exiliar y sobornar al ejército y a muchos intelectuales. También hizo cambios en el congreso para eliminar a la oposición. Se reconcilió con la Iglesia católica y los antiguos conservadores para mantener la paz. Una muy debilitada Iglesia recibió un vital impulso con Díaz, quien le permitió nuevamente tener propiedades. El clero abrió congregaciones caritativas y escuelas confesionales, mientras que Díaz asistió a la coronación de la Virgen de

Guadalupe en 1892. Por todo esto, sin tener que derogar las leyes de Juárez, el presidente tenía al clero de su lado. En consecuencia, la Iglesia dejó de apoyar, como lo había hecho en el pasado, las rebeliones iniciadas por la supuesta defensa de la religión. Con la paz porfiriana, las artes florecieron con importantes personas como los poetas Amado Nervo y Manuel Gutiérrez Nájera, los artistas José Guadalupe Posada y Saturnino Herrán, el compositor Juventino Rosas, y el novelista Ignacio Manuel Altamirano. Díaz parecía haber logrado lo que sus predecesores no habían podido: un balance saludable entre los conservadores y los liberales.

Pero no todo fue color de rosa. A pesar de toda la nueva infraestructura, la mayoría de los ferrocarriles, puertos, minas y haciendas eran controladas por inversionistas extranjeros quienes habían obtenido concesiones muy generosas. Los Estados Unidos, en particular, parecían estar apoderándose de México con condiciones abusivas. No había necesidad de absorber más territorio con esta nueva forma de conquista. El propio Díaz reconoció la situación con una famosa frase que los mexicanos aún repiten: "¡Pobre México! Tan lejos de Dios y tan cerca de los Estados Unidos". La agricultura floreció, pero solo en cultivos de exportación cuya demanda estaba aumentando en los mercados internacionales, como el café, caucho y el henequén. En cambio, la producción de bienes para la gente común, que incluía el maíz, frijoles, trigo y chile, disminuyó, y las familias comenzaron a morir de hambre. La desigualdad y la concentración de la riqueza aumentaron. Grandes corporaciones de café, henequén y caucho absorbieron tierras comunales y crearon una nueva casta de campesinos eternamente endeudados.

Uno de los aspectos menos recordados del porfiriato, el nombre otorgado a la dictadura de Porfirio Díaz, fue la feroz represión de los pueblos indígenas, especialmente los yaqui en Sonora y los mayas en Yucatán. Fue alrededor de esta época que una rebelión estalló en la península de Yucatán, una diferente a todas las anteriores guerras indígenas. La vida de los mayas no había mejorado en absoluto desde la época de la conquista española; de hecho, solo había empeorado.

La Guerra de las Castas

Los mayas en Yucatán fueron un pueblo ferozmente independiente que los españoles nunca pudieron controlar. Desde la época colonial, habían resistido la autoridad de los blancos de muchas maneras. En la segunda mitad del siglo XIX, la situación era insoportable. La producción capitalista de henequén, también conocida como sisal, en grandes haciendas solo agravó la situación. El henequén era una lucrativa plantación de agave, cuyas fibras eran usadas para fabricar cuerdas para botes, telas, sacos, y otros artículos que tenían una fuerte demanda. El periodista estadounidense John Kenneth Turner visitó las haciendas en Yucatán en la época de Díaz y quedó horrorizado por lo que vio. Según Turner, la esclavitud aún existía en Yucatán, quizás no oficialmente, pero sí en la práctica. "No vi peores castigos que palizas [a los mayas] en Yucatán", escribió. "Las mujeres son obligadas a arrodillarse para ser golpeadas, como a veces lo hacen con hombres de gran peso. Hombres y mujeres son golpeados tanto en el campo como en el pase de lista matutino. Cada capataz lleva un pesado bastón con el que golpea y pincha a los esclavos a voluntad. No recuerdo visitar un solo campo en donde no haya visto alguna forma de estos golpes o pinchazos". Los mayas ya no podían soportar más y comenzaron La guerra de las Castas en 1847. Empezó en una aldea cerca de Mérida, donde varios mayas, quienes estaban provistos de alimentos y armas, se reunieron en la casa de un líder llamado Jacinto Pat. El plan era masacrar a todos los blancos, proclamar la independencia de los mayas, y coronar a un hombre llamado Cecilio Chi como su rey. Las autoridades descubrieron la conspiración, y tras arrestar y ejecutar a los rebeldes, quemaron el pueblo de Tepich, sin permitir escapar a mujeres, ancianos y niños. Al día siguiente, los hombres de Chi mataron a todos los blancos y mestizos, dejando solo a algunas mujeres para violarlas, más por odio que por placer.

Los yucatecos blancos, nuevamente, fueron a los Estados Unidos a solicitar asistencia y protección, algo que México no les otorgaba. Uno de los principales hombres en Mérida, Justo Sierra O'Reilly, se reunió con el presidente James K. Polk en Washington DC, y le instó a enviar ayuda, ya que los mayas estaban en una guerra de exterminación contra la población blanca, y estaban muy cerca de lograrlo. Los blancos y mestizos en Yucatán, que estaban al borde de la histeria, estaban concentrados en la ciudad de Mérida, que estaba rodeada por los mayas. La mayoría de las familias se desplazaron hacia el centro de la ciudad para obtener algo de protección dentro de las murallas de la ciudad. O'Reilly ofreció la anexión de Yucatán a los Estados Unidos a cambio de ayuda, pero afortunadamente para México, intrigas y rivalidades políticas en EE. UU. impidieron que las facciones lograran un acuerdo. El gobernador también le ofreció la península a España.

Cuando Mérida estuvo rodeada, el gobernador intentó ordenar una evacuación, pero no pudo encontrar papel en su oficina para imprimir la proclamación.

Rumores corrían por las calles de que había salvajes por todos lados. Las personas escaparon hacia el mar desde [el puerto de] Sisal, Campeche o cualquier otro puerto donde pudieran tomar cualquier cosa que flotara, para ser llevados a cualquier parte. En las calles de Mérida y Campeche se hablaba de masacre generalizada, la eliminación de la población blanca de Yucatán, lo que significaba más de 140 mil personas, contando a los mestizos.

Pero cuando el apocalipsis era inminente, los aterrados blancos vieron que ocurrió un milagro: los mayas repentinamente abandonaron el sitio. Una nube de insectos había aparecido, hormigas aladas, lo que para los mayas anunciaba el comienzo de las lluvias, lo que significaba que era hora de regresar a sus cultivos. Años después, el hijo de uno de los líderes explicó:

Hacía un calor abrasador. De repente aparecieron las hormigas aladas en grandes nubes desde el norte, sur, este y oeste, por todo el lugar. Cuando vieron esto, los que estaban con mi padre se decían entre sí y a sus hermanos, "nos ha llegado el momento de volver a nuestras plantaciones, porque si no lo hacemos, no tendremos la Gracia de Dios para llenar el vientre de nuestros hijos". Así dijeron, discutieron y pensaron mucho, y cuando llegó la mañana, los hombres de mi padre dijeron a cada uno: "me voy". Y a pesar de las súplicas y amenazas de los patrones, cada hombre se arremangó la manta y preparó su bolsa de comida, apretó las correas de sus sandalias y partió hacia su casa y su maizal. Entonces el batabob, sabiendo que era inútil atacar la ciudad con los pocos hombres que quedaban, se reunió en consejo y decidió regresar a casa.

Mérida se había salvado por el momento, pero la rebelión no había terminado. Los mayas, quienes habían adoptado el nombre de *cruzoob* o "cruzados", se retiraron al sur hacia las junglas y proclamaron la república independiente de Santa Cruz, que fue reconocida por Gran Bretaña. Por un muy corto tiempo, hubo una verdadera nación maya en el siglo XIX, ubicada en el extremo sur de México (en el estado moderno de Quintana Roo), resistiendo el constante asedio del gobierno. Eso fue hasta que una nueva y terrible arma apareció, el rifle multi-disparo o ametralladora, que causó horror entre los mayas. Ya era difícil evitar un solo disparo cargando con sus machetes, pero lanzarse contra las nuevas ametralladoras era suicidio. Los jefes mayas de las diferentes regiones se reunieron en la ciudad de Chan Santa Cruz, y tras verificar la falta de pólvora, municiones y maíz, decidieron incendiar el pueblo y dispersarse en grupos pequeños. Se adentraron en la jungla y prometieron reunirse nuevamente en cada luna llena. De esta forma, bajo la presidencia de

Porfirio Díaz, la larga resistencia de los mayas llegó a su fin en 1901. Y por lo tanto terminó la gran rebelión indígena en el continente americano.

Capítulo 8 – La Revolución Mexicana

En 1910 Porfirio Díaz tenía ochenta años de edad y era una reliquia. Había nacido cuando California y Texas aún eran parte de México. Había luchado en la famosa batalla del Cinco de Mayo para detener a los franceses y a la monarquía. La mayoría de las personas en el país no recordaba a ningún otro presidente que no fuera Díaz. México disfrutó la paz porfiriana que ya estaba siendo comparada por algunos escépticos con la paz de los cementerios. Había sido reelecto seis veces, y aunque para un observador extranjero no había necesidad de cambio social dado que los negocios florecían en México, había un claro malestar económico, político y social por toda la nación. El 90% de los habitantes del país vivía en la pobreza, y más de tres cuartos de la población era indígena. Según la clase dominante del país, eran una carga, una masa ignorante y perezosa, que estaban destinados a ser oprimidos, subyugados y explotados hasta la muerte bajo el sol. "Fuimos duros", admitió Díaz hacia el final de su era. "Los pobres eran tan ignorantes que no tenían poder. Fuimos duros. A veces hasta el punto de ser crueles. Pero todo esto era necesario para la vida y el progreso de la nación".

México entró en el siglo XX en medio de la agitación de los trabajadores. En los últimos años del largo mandato de Díaz, los trabajadores comenzaron a rebelarse y fueron duramente reprimidos. Don Porfirio, como se le llamaba y sigue llamando, siempre resolvió en favor de los intereses extranjeros; para él, era vital mantener la paz y el orden, y preservar la confianza de los inversionistas internacionales. Pero en 1908, el viejo dictador concedió una entrevista a un periodista estadounidense llamado James Creelman, donde finalmente admitió que había tenido suficiente y recibiría con agrado el surgimiento de un partido opositor. "Daré la bienvenida a un partido opositor. Si aparece, lo veré como una bendición y no como un mal, y si puede desarrollar poder, no para explotar sino para gobernar, me atendré a él, lo apoyaré, lo asesoraré, y me olvidaré de mí mismo en la exitosa inauguración de un gobierno completamente democrático en el país". La entrevista provocó un nido de avispas. Un hijo de un terrateniente con ideales democráticos llamado Francisco Ignacio Madero comenzó a hacer campaña contra Díaz, organizando un partido político y recorriendo el país. Cuando Díaz lo envió a la cárcel y se reeligió por séptima vez en la elección de 1910, Madero se dio cuenta de que una revolución armada era el único camino hacia la democracia. Él ideó el Plan de San Luis, que llamaba a todos los mexicanos a levantarse contra la dictadura el 20 de noviembre de 1910.

La Revolución Mexicana

La Revolución Mexicana, que sucedió entre 1910 y 1920, comenzó como un movimiento democrático para derrocar al presidente Díaz, pero terminó como una revolución socialista. Al mismo tiempo, al otro lado del mundo, Vladimir Lenin llamaba a los rusos a crear una utopía controlada por los trabajadores. El llamado a las armas de Madero no obtuvo mucha respuesta entre la clase media, urbana e intelectual. Pero otro sector, posiblemente el más exhausto, respondió al comienzo con cierta vacilación, pero luego con una inusual energía: la clase campesina del norte y sur de México.

El mundo veía a la Revolución Mexicana con interés, y el movimiento creció de manera incontrolable. Dos personajes representan este importante período mejor que nadie. En el norte, apareció una de las figuras más importantes de la historia del país, Francisco "Pancho" Villa, quien es conocido en varias fotografías como el arquetipo del hombre mexicano: alto y corpulento, de sombrero ancho, bigote, caballo, pistola en la mano y un pecho atravesado a balazos. Este norteño fue impulsado por algo más que la causa democrática. Luchaba como un hombre poseído, odiando al régimen y contra todo lo que le recordaba al dictador Díaz, incluyendo a los hacendados y los guardias rurales que lo habían acosado durante años. En una batalla, Villa engañó al ejército colocando palos con sombreros para hacer parecer que tenía una fuerza más grande, lo que lo ayudó a sembrar el pánico entre las filas enemigas. Además de su genio militar, Villa tenía carisma: reunía soldados y voluntarios de la nada, y la gente vio en él un símbolo de su rabia contra un gobierno que se había olvidado de los campesinos. Por ello, comenzaron a tejerse leyendas acerca de él. Tomó Ciudad Juárez, un punto estratégico en la frontera con los Estados Unidos, luego de dos días de batalla. Los vecinos estadounidenses vieron la lucha desde el otro lado, acostados en los techos de vagones de tren para evitar las balas locas.

La otra figura, casi un espejo de Villa, emergió en el otro extremo de México, en las montañas del sur. Era alto, moreno y apuesto, con un sombrero aún más ancho y un bigote algo pasado de moda. Emiliano Zapata, un líder campesino, comenzó a tomar las tierras de las haciendas por la fuerza, y las distribuyó entre las personas de Anenecuilco, su ciudad natal. Zapata fortaleció su legitimidad rechazando sobornos y la tentación del beneficio personal. Dijo una vez "revisen los títulos coloniales y tomen lo que se le debe a la gente". En unos pocos meses, logró reunir un ejército de doce mil campesinos. Ingresó a Cuautla, su primera gran ciudad, mientras sus campesinos portaban banderas de la Virgen de Guadalupe.

Ambos son casos únicos en la historia de México, por mucho tiempo un país de hombres militares conspirando para tomar el poder, ni Villa ni Zapata estaban interesados en la presidencia ni ninguna otra posición política, aunque tuvieron la posibilidad de ocupar el sillón. Pancho Villa reconoció abiertamente que era un hombre sin educación y solo quería justicia para los humildes. Zapata decía que el sillón tenía el poder de cambiar a las personas. "Preferiría no sentarme", dijo cuando lo tuvo al frente en el Palacio Nacional, "porque cuando alguien es bueno, y se sienta en ese sillón, cuando se pone de pie se vuelve malo". Madero ganó la elección en lo que posiblemente fue el primer ejercicio democrático en la historia de México, ganando el 99% del voto popular, pero no duró mucho. Dado que era un idealista que no podía controlar la magnitud de las fuerzas que había desatado, en 1913, ya estaba en conflicto con todo el mundo, no podía resolver de una vez por todas las demandas de los campesinos. Lo peor de todo era que estaba rodeado por adversarios, con una prensa vociferante que aprovechó la misma libertad que él les había otorgado. En febrero, fue asesinado en una enredada conspiración, donde el embajador estadounidense tuvo mucho que ver, y que fue orquestada por un viejo general llamado Victoriano Huerta. Tras designar a un presidente interino, que duró en el poder por unos ridículos 45 minutos, un récord en la historia, el general Huerta se convirtió en el nuevo dictador de México. Su acto enfureció a todas las facciones; Villa, Zapata y las demás, que se unieron en torno a un objetivo común: derrocar al director quien, con una bala, había destruido la oportunidad de México de convertirse en un país democrático.

A finales de 1914, los poderosos ejércitos de Pancho Villa del norte, los famosos "dorados", quienes eran seguidos por millones de mujeres que cocinaban para ellos, y Emiliano Zapata desde el sur, mayoritariamente nativos americanos con pantalones de algodón blancos, marcharon hacia la Ciudad de México con algunos días de diferencia. En diciembre, los dos populares líderes fueron fotografiados juntos en el Palacio Nacional, alrededor del sillón presidencial. Villa se sentó en él, riéndose. Fue un momento único que jamás se repitió. Ellos mismos no comprendían la verdadera magnitud de lo que estaba ocurriendo. Por primera vez en la historia de México, dos ejércitos populares habían capturado el poder. Sin embargo, ni Villa ni Zapata sabían qué hacer con él. Podrían haber ordenado cualquier cosa, pero ninguno de ellos tenía la capacidad intelectual o el deseo de ser presidente, y fueron los primeros en admitirlo. Pusieron a un presidente marioneta en el Palacio Nacional y dejaron pasar la histórica oportunidad. Pronto, otros aprovecharían el vacío que habían dejado. La Revolución Mexicana estaba fragmentada en muchos líderes que luchaban entre sí. Zapata regresó a sus montañas en el sur, y Villa perdió una desastrosa batalla en Celaya. Su poderosa división del norte nunca pudo recuperarse del golpe y se fragmentó. A finales de 1916, Pancho Villa estaba aislado en el norte con solo unos pocos hombres fieles, siendo perseguido como un vulgar bandido, cuando decidió atacar a los Estados Unidos.

No fue una invasión a gran escala. Villa iba acompañado de no más de 400 hombres, pero ha sido el único momento hasta la fecha que los Estados Unidos continentales han sido invadidos por un ejército con las botas en el suelo. Alrededor de las cuatro de la mañana, Villa irrumpió en el pueblo de Columbus, Nuevo México, mientras la gente dormía tranquilamente. Los villistas atacaron desde cuatro direcciones, apuntando a todas partes, saqueando y desatando el caos. Los habitantes se despertaron aterrados. Desde lejos, la gente podía ver el resplandor de las granjas y casas envueltas en llamas, y podían escuchar los gritos salvajes de los villistas, quienes se apoderaron de alrededor de cien caballos y municiones.

En los Estados Unidos, muchas voces furiosas y oportunistas llamaron a una nueva intervención para castigar a México, pero con la Primera Guerra Mundial teniendo lugar en Europa, el presidente Woodrow Wilson sabía que el camino de la prudencia era el mejor. Sin embargo, igualmente envió una expedición comandada por el general John J. Pershing y diez mil hombres para capturar a Villa. "¿Dónde está Pancho Villa?" preguntó Pershing con su español chapurreado en cada rancho y aldea en las montañas. "Se fue por ese camino, al siguiente pueblo cuesta arriba", respondió la mujer, cubriendo la mitad de sus rostros con un rebozo. Cuando apareció la siguiente aldea, los hombres a caballo cargaron sus rifles y bloquearon las rutas de escape. "¿Está Pancho Villa aquí?" rugió Pershing. "Villa se acaba de ir, señor. Si va por aquel camino, de seguro lo alcanzará en media hora", respondieron los locales, apuntando hacia el lado opuesto. "Tengo el honor de informarle", escribió Pershing en su informe al final del día, "que Francisco Villa está en todas partes y en ninguna parte". La expedición punitiva regresó a los Estados Unidos sin lograr su objetivo.

En privado, el famoso general militar posteriormente admitió que "cuando se escriba la verdadera historia, no será un capítulo muy inspirador para los niños en las escuelas, ni tampoco para los adultos para que contemplen. Habiendo entrado a México con la intención de comernos crudos a los mexicanos, nos dimos la vuelta al primer rechazo y ahora nos escapamos a casa a cubierto, como un perro azotado con el rabo entre las patas".

El Telegrama Zimmermann

Durante la Revolución Mexicana, México se involucró en un incidente que cambió el curso de la historia. En 1917, en medio de la Primera Guerra Mundial, Alemania lanzó un ambicioso plan. Los Estados Unidos tomaron nota cuando el servicio de inteligencia británico interceptó un telegrama enviado por el Secretario de Relaciones Exteriores alemán

Arthur Zimmermann al embajador alemán en México, Heinrich von Eckardt. Cuando los británicos le mostraron el papel a la embajada estadounidense en Londres, los estadounidenses pensaron que era una broma. Pero cuando se dieron cuenta de que era auténtico, y su contenido fue diseminado en la prensa estadounidense, el público estadounidense ardió en indignación. En el telegrama, Arthur Zimmermann instruyó al embajador a comenzar negociaciones con el presidente de México, Venustiano Carranza, para que, con apoyo alemán, México le declarara la guerra a EE. UU. A cambio, recibiría "abundante ayuda financiera", y si las Potencias Centrales ganaban la Primera Guerra Mundial, México recuperaría los estados de Texas, Nuevo México y Arizona, los territorios que había perdido en 1847. El telegrama, decodificado por la inteligencia de Gran Bretaña, decía:

Nos proponemos comenzar el primero de febrero la guerra submarina, sin restricción. No obstante, nos esforzaremos para mantener la neutralidad de los Estados Unidos de América. En caso de no tener éxito, proponemos a México una alianza sobre las siguientes bases: hacer juntos la guerra, declarar juntos la paz; aportaremos abundante ayuda financiera; y el entendimiento por nuestra parte de que México ha de reconquistar el territorio perdido en Nuevo México, Texas y Arizona. Los detalles del acuerdo quedan a su discreción. Queda usted encargado de informar al presidente de todo lo antedicho, de la forma más secreta posible, tan pronto como el estallido de la guerra con los Estados Unidos de América sea un hecho seguro. Debe además sugerirle que tome la iniciativa de invitar a Japón a adherirse de forma inmediata a este plan, ofreciéndose al mismo tiempo como mediador entre Japón y nosotros. Haga notar al presidente que el uso despiadado de nuestros submarinos ya hace previsible que Inglaterra se vea obligada a pedir la paz en los próximos meses. Firmado, ZIMMERMANN.

Aunque el telegrama realmente no llegó a Carranza, el presidente mexicano envió a su ministro de relaciones exteriores a conversar con Heinrich von Eckardt, quien había sido enviado desde Berlín. Carranza también estableció una comisión para investigar si México debería de estar de acuerdo con las condiciones del telegrama. Los alemanes prometían dinero y armas para ayudar a librar la guerra contra los Estados Unidos, pero lo más probable, es que Carranza no estaba tomando a los alemanes en serio, y solo estaba intentando obtener fondos de cualquier fuente para consolidar su poder con mínimo compromiso. El 14 de abril de 1917, Carranza formalmente rechazó la propuesta de Zimmermann, pero no cerró todas las puertas. "Si México es arrastrado hacia la [Primera] Guerra Mundial a pesar de todo, ya veremos. Por ahora la alianza se ha frustrado, pero será necesaria más adelante en algún momento". El telegrama de Zimmermann arrojó a los hasta ahora neutrales Estados Unidos a la Primera Guerra Mundial. El plan del telegrama no llegó a ninguna parte, pero su contenido nuevamente despertó sospechas hacia el vecino del sur de EE. UU., y el recuerdo de los territorios perdidos en 1847 una vez más hizo remecer las conciencias a ambos lados de la frontera.

En 1919, Carranza se encontraba firme en el poder. Los Estados Unidos habían reconocido su gobierno, y sus principales enemigos se habían esfumado. Villa permanecía oculto en las montañas del norte, protegido por la población local. Después de una década y un millón de muertes (7 por ciento de la población, pero un porcentaje mucho más alto de la población económicamente activa), la Revolución Mexicana, que había sido originalmente iniciada para restaurar la democracia y luego regenerar el sistema económico del país, demostró ser la guerra más costosa, en términos de dinero y vidas humanas, en la historia de México. Pero la larga lucha generó conciencia sobre la necesidad de justicia social, comenzando con la distribución de tierras y educación para la gente común. Los ideales promovidos por luchadores como Madero, Villa y especialmente Zapata fueron plasmados en una nueva constitución promulgada en 1917, que aún gobierna al país.

La Revolución Mexicana de 1910, un momento decisivo en la formación de la filosofía, economía e incluso el desarrollo artístico del México del siglo XX, hizo surgir a las clases medias y populares y desplazó a la oligarquía que había dominado el espectáculo en casi todo el siglo XIX. En su primera etapa, la revolución había sido iniciada solo por otra élite, pero las clases populares se la quitaron de las manos. A partir de 1913, la clase media asumió el liderazgo, y las clases campesinas fueron posicionadas por primera vez como una formidable fuerza política con voz y voto en el desarrollo del país. El nuevo estado, nacido en 19220 cuando las balas dejaron de volar y el polvo se asentó, no era democrático, pero sí nacionalista y popular. Engendró líderes autoritarios, pero ellos fueron hombres forjados en la Revolución Mexicana, por lo que tenían conciencia social y voluntad para llevar a cabo una reforma agraria integral y la organización de la clase trabajadora. Finalmente, nació un estado estable, con un gran apoyo popular y con la reacia aceptación de los Estados Unidos.

Fueron los revolucionarios sobrevivientes y los seguidores de quienes habían iniciado la gran partida social, Zapata, Madero, Carranza y Villa, todos asesinados por sus enemigos, quienes crearon la nueva identidad mexicana. Después de cien años de calamidades, el país pareció haber encontrado una ruta que podía acomodar a todos. Los revolucionarios integraron a todo el país en un nuevo estado nacionalista que no era xenófobo; era revolucionario, pero con instituciones estables.

Correspondió a los grandes artistas mexicanos de la década de 1920 en adelante: los pintores Diego Rivera, Frida Kahlo y José Clemente Orozco; los escritores Juan Rulfo y Octavio Paz; los músicos Manuel M. Ponce, Carlos Chávez y José Pablo Moncayo, mostrar lo que significaba la mexicanidad. Gracias a ellos, y a otros en su generación, México comenzó a ser reconocido como un país lleno de gente con expresiones culturales a la par con el resto del mundo.

Capítulo 9 – Los Cristeros

"La Iglesia ha superado nuestras más locas esperanzas al decretar la suspensión de los servicios religiosos; nada podría ser más agradable para nosotros. Tenemos al clero agarrado del cuello y haremos todo lo posible para estrangularlo".

—Ministro del Interior de México, Adalberto Tejeda, 1926

La Revolución Mexicana produjo la Constitución de 1917 y una clase política que aborrecía a la Iglesia católica, que, sin embargo, aún era la religión predominante en el país. Durante los años de guerra, era un espectáculo común ver a generales y líderes humillando sacerdotes y saqueando e incautando iglesias, las que adaptaban como oficinas públicas, o sedes de congresos estatales, o simplemente demolían. La antirreligiosidad del gobierno llegó a su clímax con el presidente Plutarco Elías Calles, un general de abierta simpatía comunista.

Sin contrapesos, el estado que emergió de la Revolución Mexicana intentó poner a las instituciones religiosas bajo control dictatorial. Esto produjo uno de los episodios menos conocidos de la historia de México, uno que, por muchos años, el estado ha intentado barrer bajo la alfombra: la guerra Cristera, una especie de contrarrevolución que el estado nunca sospechó que podría ocurrir. La guerra Cristera, también conocida como

La Cristiada, asoló todo el centro del país. La constitución de 1917 restringió la educación religiosa, prohibió las órdenes monásticas, prohibió el culto fuera de las iglesias, y entregó las propiedades de la iglesia a la propiedad del estado. Otras medidas legales de la administración de Calles le dieron al gobierno la autoridad de determinar el número de funcionarios del clero en cada estado, y prohibió las publicaciones religiosas, el celibato sacerdotal y la vida monástica, entre otras duras medidas. En aquellos días, las fuerzas gubernamentales irrumpieron en muchas iglesias con el pretexto de que no estaban cumpliendo con la ley, y expulsaron del país a monjas, sacerdotes y obispos. En algunos estados como Tabasco, los gobernadores obligaron a los sacerdotes a casarse.

Cuando la Iglesia respondió con el anuncio de que suspendería el culto como forma de protesta, Calles se mostró complacido porque estaba seguro de que esta medida finalmente destruiría a la Iglesia católica. Al mismo tiempo, el presidente más anticlerical que alguna vez existió se volvió activo en la religión; sin embargo, no fue en el catolicismo. Calles apoyó a un movimiento cismático para crear una Iglesia católica apostólica mexicana, cuyo jefe era un obispo rebelde llamado Joaquín Pérez. La iglesia propuesta no dependería del Vaticano, y su máxima autoridad sería Joaquín "el Patriarca" Pérez.

Calles también respondió a la huelga del culto público con la prohibición del culto privado; esta medida sin precedentes, que recordaba la persecución contra los cristianos en la antigüedad, efectivamente hizo ilegal a la religión, Miles de personas fueron a las iglesias para recibir el sacramento que, en cuestión de días, sería motivo de prisión. Miles de niños fueron bautizados, se celebraron misas de forma continua durante días, y un arzobispo se desmayó de cansancio tras confirmar a cinco mil personas en un solo día. La llamada Ley Calles entró en total vigencia el 1 de agosto de 1926, y el gobierno envió a sus fuerzas para cerrar las puertas de las iglesias e incautar sus inventarios, y luego cerró las escuelas confesionales, así como los conventos y monasterios. Muchos católicos protestaron. El gobierno respondió encarcelando a más sacerdotes. En 1927, el Padre Francisco Vera fue arrestado por celebrar misa y llevado al pelotón de fusilamiento. El general que ordenó la ejecución del Padre Vera, quien permaneció de pie con su atuendo completo y sus manos juntas en signo de oración ante el pelotón de fusilamiento de cuatro hombres, tomó una infame foto de la ejecución y la envió al presidente Calles, quien, a su vez, la entregó a la prensa. Desestimada por los intelectuales y el estado como un movimiento reaccionario a la Revolución Mexicana progresista, la guerra Cristera en realidad se originó por una genuina y sangrienta persecución religiosa.

Los mexicanos hasta el día de hoy recuerdan historias contadas por sus abuelos sobre familias que escondían sacerdotes y monjas en sus áticos y sótanos durante años para salvarlos del arresto, deportación o ejecución por pelotón de fusilamiento. La guerra religiosa duró entre 1926 y 1929. Los campesinos católicos de los estados de Guanajuato, Zacatecas, Aguascalientes, Jalisco y Colima formaron grupos de resistencia sin tener experiencia, especialmente comparados con el ejército federal de 70 mil hombres, recién salidos de la Revolución Mexicana. Los Cristeros cabalgaban en grupos de entre cincuenta y cien hombres, luchando guerras locales sin ningún tipo de preparación, solo para ser masacrados. Pero las cosas pronto cambiaron.

Fue durante la guerra Cristera que el gobierno usó por primera vez a la aviación con propósitos militares, incluso bombardeando la famosa escultura de Cristo Rey en Guanajuato. Sin embargo, en un año las fuerzas Cristeras alcanzaron veinte mil combatientes. Las mujeres desempeñaron un importante rol durante la guerra. Durante la Revolución Mexicana, su rol había sido cocinar para las tropas, durante la Cristiada, sirvieron como espías, propagandistas, en la logística y la resistencia. Cuando el ejército iba a atacar una iglesia, las mujeres usualmente las ocupaban mientras los hombres defendían los alrededores. En 1927, las mujeres también entraron en combate cuando se creó la Brigada Juana de Arco, que llevaba el nombre de la criada de Orleans, Francia, quien acababa de ser canonizada en Roma. La Brigada Juana de Arco estaba formada por 650 mujeres quienes, aunque no tomaron armas, hicieron trabajos de guerra. Tenían grados de general, coronel y capitán, y controlaban municiones, armamento, asistencia médica y hacían trabajo de espionaje. La brigada estaba compuesta mayoritariamente por mujeres adolescentes quienes llevaban armas y municiones al campo de batalla, poniendo sus vidas en riesgo.

Al inicio, el movimiento Cristero sufrió la falta de una figura de liderazgo o un comando central hasta que Enrique Gorostieta, un soldado que luchó en la Revolución Mexicana, emergió y trajo organización y unidad a un esfuerzo que era local y dividido. El movimiento que el gobierno inicialmente criticó y ridiculizó como una falsa revolución ahora no solo merecía su atención, sino que también la del Vaticano y del resto del mundo. Los Cristeros nunca fueron una amenaza real para el gobierno, ya que no podían aspirar a derrocar al régimen. Este era un movimiento localizado en el centro de México, y los hombres no tenían entrenamiento militar y tenían muchas divisiones internas. Y ciertamente no contaban con el apoyo de la Iglesia o del Vaticano, al menos oficialmente.

En 1928 el general Álvaro Obregón fue reelecto a la presidencia. Mientras estaba celebrando su victoria en un restaurante con amigos y aliados, un joven católico que se hacía pasar por caricaturista se le acercó y le preguntó si podía dibujar un retrato. El presidente electo Obregón estuvo de acuerdo, vio la caricatura, y riéndose, la pasó entre los presentes. Entonces el joven sacó un arma y la vació con seis disparos. Los oficiales trataron de ejecutarlo ahí mismo, pero una persona los detuvo, diciendo que era necesario saber quién lo había enviado. El joven era un fanático religioso quien, en su declaración, dijo que lo hizo "para que Cristo nuestro Señor pueda gobernar en México". La Iglesia condenó el asesinato, y el asesino fue ejecutado por un pelotón de fusilamiento en 1929. Antes de que le dispararan, extendió sus brazos para formar la cruz y murió sin poder decir, como todos los Cristeros durante la guerra, "¡Viva Cristo Rey!". José de León Toral, el asesino confeso, se convirtió en mártir para algunos Cristeros.

El movimiento, tachado como un movimiento reaccionario fabricado por la generación revolucionaria de 1910, se volvió lo suficientemente importante como para alarmar a la opinión pública mundial y presionar al gobierno y a la Iglesia para lograr un acuerdo. En 1918, el papa Pío XI les envió una carta a los católicos mexicanos pidiéndoles que tuvieran confianza, ya que las negociaciones estaban en curso. En 1929, cuando las fuerzas Cristeras ya habían alcanzado cincuenta mil personas, e innumerables combatientes y sacerdotes yacían en sus tumbas, representantes del Vaticano se reunieron con el clero mexicano y el embajador de los Estados Unidos, Dwight W. Morrow. El presidente Calles, en el último año de su mandato, también se reunió con representantes de la iglesia mexicana e internacional, así como con el embajador Morrow, para tratar de llegar a una solución. En junio, el gobierno y la Iglesia firmaron un acuerdo de paz, y se llegó a una promesa tácita de no aplicar las leyes anticlericales. La iglesia mexicana retomó el culto en la Basílica de Guadalupe, bajo la imagen que se creía milagrosa desde la época colonial, la imagen que había movilizado a los mexicanos en distintas épocas a rebelarse contra la injusticia. Los combatientes Cristeros, quienes debían presentarse para entregar sus armas y recibir un salvoconducto, se disolvieron y desaparecieron tal como llegaron, sin notificarle a nadie, y volvieron a sus ranchos y pueblos en el centro de México. Las mujeres renovaron muchas iglesias en ruinas, confiando en que su guerra santa había llegado a su fin.

Las relaciones entre la Iglesia y el estado se mantendrían tensas por el resto del siglo. En la década siguiente, se repitieron las mismas circunstancias, y una segunda, pero más corta Cristiada asoló la parte central del país. Al entrar en la década de 1940, el presidente Manuel Ávila Camacho aparentemente zanjó el asunto cuando declaró que era católico. Cuando Ávila dijo, "soy creyente", fue el primer presidente mexicano desde la Revolución Mexicana en admitirlo abiertamente. Pero el mundo iba a dar un giro con la Segunda Guerra Mundial, y las prioridades de México, como las del resto del mundo, cambiarían radicalmente. A diferencia de la Primera Guerra Mundial, esta vez México necesitaría tomar una decisión que definiría su futuro para siempre. ¿Se pondría del lado de los Aliados o del Eje?

Capítulo 10 – La Segunda Guerra Mundial y el Milagro Mexicano

Lázaro Cárdenas, posiblemente el presidente más popular y respetado en la historia de México, llegó a la presidencia con un país pacificado, pero el campo estaba en ruinas, y la clase campesina aún esperaba que las promesas de la Revolución Mexicana, tierra y libertad, se cumplieran. Cárdenas llevó a cabo una reforma agraria como Zapata hubiera querido, bajo la cual un total de dieciocho millones de hectáreas serían distribuidas a las comunidades campesinas bajo un régimen de propiedad llamado *ejido*, el que impedía que las tierras fueran vendidas, compradas, enajenadas o perdidas ante deudores. Cárdenas también nacionalizó la industria petrolera en un momento crítico: era 1938, un año antes del comienzo de la Segunda Guerra Mundial. En este tiempo, el país se había convertido en una potencia petrolera naciente, y sus principales clientes, Gran Bretaña y los Estados Unidos, eran propietarios de las instalaciones nacionalizadas por el gobierno. Al enterarse de las noticias, promovieron un boicot económico para matar de hambre a México, y algunos inversionistas en aquellos países incluso llamaron a una nueva intervención para compensar las pérdidas. Pero el comienzo de la Segunda Guerra Mundial cambió todo el escenario.

Las potencias occidentales se alarmaron al ver que la Alemania nazi no se había unido al boicot contra México. Al contrario, el Tercer Reich vendía a México los químicos necesarios para mantener su industria petrolera funcionando, para así poder vender el combustible esencial al Führer Adolf Hitler. Con el embargo anglosajón, la Alemania nazi se convirtió en el principal comprador del petróleo mexicano. Gran Bretaña y los Estados Unidos se dieron cuenta de que su pequeña venganza había arrojado a México a la esfera nazi. México pasó de vender un millón de barriles de petróleo al año al Tercer Reich a casi cinco millones en 1939, el año de la invasión de Polonia. Es totalmente posible que algunos tanques blitzkrieg que aplastaron las aldeas polacas hubieran sido alimentados por petróleo mexicano. La Alemania nazi comenzó a enviar espías y conspiradores a México, quienes llevaron a cabo la esencial tarea de enviar información sensible acerca de los Estados Unidos, mientras iniciaban una lucha ideológica para llevar a toda América Latina al lado del Eje. Pero México mantuvo una política sensata y clara. Cuando Hitler anexó Austria en 1938, comenzando su política expansionista que nadie se atrevió a criticar, México fue el único país del mundo en protestar contra el *Anschluss*.

El presidente Cárdenas obtuvo un informe secreto enviado por su ministro del interior, informándole oficialmente de que había una poderosa red nazi operando en el país. Hasta el final de su tiempo en el cargo, Cárdenas mantuvo su discurso pro-democrático, pero también neutralidad en la guerra, así como lazos comerciales con ambos bandos.

A finales de 1940, con la elección presidencial acercándose, la intervención nazi en México se volvió intolerable para los Estados Unidos, y estos comenzaron a presionar a Cárdenas. En 1941, el nuevo presidente, Manuel Ávila Camacho, firmó un acuerdo con los Estados Unidos permitiéndole usar sus bases aéreas, y apoyó un tratado comercial para vender petróleo nuevamente. Esta decisión fue costosa para México.

En mayo de 1942, Alemania bombardeó y hundió varios barcos mexicanos en el golfo de México en represalia por venderle combustible al enemigo del führer.

El primer barco fue el *Potrero del Llano*. El buque llevaba 6.000 toneladas de petróleo y 35 miembros de la tripulación. Trece murieron, incluyendo su capitán, mientras que el resto fue rescatado por un barco estadounidense. Algunos periódicos en México informaron que los alemanes habían exterminado a los sobrevivientes que luchaban por permanecer a flote con ametralladoras. La llegada de los cuerpos a territorio mexicano impactó profundamente el ánimo nacional, y más personas se inclinaron a que México rompiera su neutralidad. En los días siguientes, submarinos alemanes atacaron a más embarcaciones. Finalmente, el 28 de mayo, México declaró un "estado de guerra" con las potencias del Eje. Aunque México fue heredero de una larga tradición de malos embajadores estadounidenses, en esa ocasión consiguió un visionario astuto y un atento embajador que se preocupaba por el futuro de México. George Messersmith vio la conveniencia no solo de que México declarara la guerra y apoyara a los Estados Unidos con materias primas y hombres para cosechar sus campos, sino también de su capacidad para enviar una fuerza de combate al frente de guerra. Sería la primera vez en la historia del país. Para lograr esto, Messersmith tendría que atravesar un laberinto de intereses, oposición y burocracia.

Para los propios mexicanos, fue una sorpresa enterarse de que esta vez, su país estaría del mismo lado que los Estados Unidos. Aún quedaba mucho resentimiento cien años después de la guerra y la pérdida de su territorio norteño. La historiadora mexicano-estadounidense y escritora para el The New York Times Anita Brenner contó cómo se recibió la noticia en el pueblo de San Andrés. Las personas disfrutaban la tarde en los bancos de la plaza cuando la radio anunció que México estaba nuevamente en guerra. La gente gritó "*¡Viva México!* ¡Muerte a los *gringos*!" (*gringos* refiriéndose a los estadounidenses), e incluso "*¡Viva la Revolución!*". De repente, el telegrafista del pueblo interrumpió las exclamaciones de júbilo. "¡Idiotas! ¡Imbéciles!" dijo. "¡Estamos contra Alemania!... ¿No entienden que los estadounidenses están de nuestro lado? ¡Estamos luchando contra el fascismo!". Al otro lado de la multitud, donde estaban las mujeres, una voz vieja y quebrada gritó: "¡Dios nos guarde! ¡Quién podría haberme dicho que estaría orando por los *gringos*...!".

Las Águilas Aztecas

Gracias al trabajo del embajador Messersmith en México y los Estados Unidos, ambos presidentes estuvieron de acuerdo con la conveniencia de que México participara, aunque fuera de manera simbólica, con una división de infantería o un escuadrón de combate aéreo. Ávila Camacho y Franklin D. Roosevelt acordaron que lo mejor sería enviar un escuadrón de aviones de combate al general Douglas MacArthur, quien se encontraba en el Pacífico en ese momento. Los escuadrones aéreos presentaban menos bajas humanas y tenían una capacidad de destrucción superior. Los escuadrones de combate también constituían la primera línea de ataque para destruir blancos militares, obligar al enemigo a huir, y despejar el camino para las tropas terrestres. A pesar de su pequeño tamaño en comparación con las unidades que luchaban en tierra, los escuadrones de treinta pilotos fueron un factor significativo en el frente del Pacífico, que fue en última instancia la última etapa de la Segunda Guerra Mundial. En 1944, México finalmente envió su grupo de treinta pilotos a entrenarse en los Estados Unidos para luchar contra Japón en la liberación de las Filipinas. Los hombres del Escuadrón Aéreo de Pelea 201, también conocido como las Águilas Aztecas, llegaron a Manila justo a tiempo el 30 de abril de 1945, cuando la guerra estaba llegando a su fin.

Primero, cuando llegaron a la base aérea cerca de Manila, los mexicanos recibieron un tratamiento frío e incluso hostil por parte de los estadounidenses, quienes sintieron que los "pequeños" pilotos, ya que eran mucho más bajos que los marines, solo iban a interponerse en el camino. Antes de ir al combate, los ánimos estaban acalorados y casi llegaron a las peleas a puñetazos. Era solo la tensión antes de la acción. Las Águilas Aztecas finalmente recibieron la orden de abordar sus aviones en mayo de 1945 y recibir su bautismo de fuego. Antes de hacerlo, escribieron letras a casa. Aunque sabemos que la Segunda Guerra Mundial duraría menos de cuatro meses más, en ese momento, los Aliados esperaban una guerra prolongada y costosa en términos de vidas humanas, ya que Japón había jurado que nunca se rendiría.

De vuelta en México, una emocionada y nerviosa prensa reportaba que los mexicanos acababan de entrar en combate en las Filipinas contra unidades japonesas. Veinte aeronaves del Escuadrón 201, bajo las órdenes del Capitán Radamés Gaxiola, participaron en la operación, bombardeando y disparando contra tanques y camiones en la isla de Luzón. Los japoneses respondieron con fuego antiaéreo. La primera baja llegó en junio cuando el piloto de 22 años Fausto Vega Santander murió durante una difícil misión contra un depósito de municiones japonés. Además del fuego antiaéreo, los japoneses tenían tres defensas naturales en forma de altos acantilados: la única manera de aproximarse era desde el mar y a través de una estrecha abertura. El comandante del Escuadrón 201 sugirió que la única forma de destruir el depósito era bombardeándolo en picada desde gran altitud, lo que era prácticamente una misión suicida. Los mexicanos tuvieron éxito donde otros pilotos aliados habían fallado, pero el acto también le costó a México su primer piloto en el extranjero.

El Escuadrón 201 acumuló 785 misiones defensivas y seis misiones ofensivas en las Filipinas y Taiwán, y se calcula que eliminaron, anularon o expulsaron a aproximadamente treinta mil soldados japoneses durante de dos meses. Pero el rol de México en la Segunda Guerra Mundial fue más simbólico que real. México solo perdió cinco pilotos, lo que es una nota al pie si se compara con las más de 400.000 bajas estadounidenses y 9 millones de bajas rusas. El triunfo más grande del Escuadrón 201 no se logró en el espacio aéreo del Lejano Oriente, sino que en el ámbito diplomático. Gracias a su participación, una nueva era de relaciones internacionales comenzó entre México y los Estados Unidos, dos países que habían sido hostiles y desconfiadas entre sí básicamente desde siempre. También permitió al primero estar del lado de los ganadores en la Segunda Guerra Mundial, y se convirtió en un miembro fundador de las Naciones Unidas. La Migración Hacia el Norte

La Segunda Guerra Mundial trajo un fenómeno demográfico que ayuda a explicar el México de hoy: la migración de campesinos y trabajadores no calificados a los Estados Unidos. Desde la Revolución Mexicana, algunos mexicanos habían migrado hacia el norte para escapar de la violencia. La Gran Depresión de la década de 1930 vio la masiva deportación de mexicanos, incluidas aquellas familias que habían vivido en el lado norte del río Grande desde antes de la guerra con los Estados Unidos, los llamados chicanos. Pero la migración hacia el norte en masa comenzó en la década de 1940. Al contrario de lo que muchos creen, fue Estados Unidos quien primero le pidió a México que enviara trabajadores para cosechar sus campos porque faltaban manos y brazos para la agricultura. En 1942, en la primera cosecha tras el ataque a Pearl Harbor, los agricultores de California expresaron su preocupación al gobierno de que habría una falta de trabajadores en los campos y solicitaron que su gobierno importara cien mil trabajadores mexicanos.

Los gobiernos, representados por Franklin D. Roosevelt y Manuel Ávila Camacho, firmaron un acuerdo urgente conocido como el programa Bracero, *bracero* es una palabra española que significa un hombre que trabaja con sus brazos. Se le dio una duración limitada al programa y duraría solo durante los años de guerra. México incluso tuvo el lujo de establecer condiciones para enviar a sus campesinos: los migrantes obtendrían transporte de ida y regreso desde sus campos hasta los campos de cosecha, se les pagaría el mismo salario que a los estadounidenses que hacían el mismo trabajo, y recibirían protección y asistencia médica esencial. En el primer año del programa Bracero, cuatro mil trabajadores mexicanos entraron a los Estados Unidos con todos los beneficios. Solo un año después, el número aumentó a 44.000, y luego a 62.000 en los últimos años de la Segunda Guerra Mundial. El programa también era favorable para los negocios de los granjeros estadounidenses, quienes exigieron que el acuerdo binacional continuara por algunos años más. El programa Bracero llegó a admitir a más de 200.000 trabajadores por año en la década de 1950, sin contar a aquellos quienes fueron atraídos a las empresas agrícolas por fuera de los canales institucionales; aquellos trabajadores recibían menores salarios. En 1956, el número de trabajadores agrícolas temporales y legales en los Estados Unidos alcanzó un récord de 450.000 personas. Los trabajadores agrícolas estadounidenses tuvieron la posibilidad de abandonar sus trabajos en el campo para buscar trabajos urbanos, lo que a su vez generó una mayor demanda de trabajadores agrícolas y una mayor migración de campesinos mexicanos. El flujo continuó durante muchos años con la aprobación tácita del gobierno estadounidense y con malas condiciones para los mexicanos. De esta forma, se inició un proceso migratorio de sur a norte, que continúa hasta hoy.

Este movimiento demográfico también fue el origen de dos desarrollos que caracterizaron la segunda mitad del siglo XX: la expansión de la cultura mexicana en los Estados Unidos, principalmente en Texas, California y Nuevo México, y el movimiento chicano en el sur de Estados Unidos, donde la figura de César Chávez, hijo de migrantes mexicanos pobres, es primordial. Un extrabajador en los viñedos de California, Chávez luchó por la dignificación de los trabajadores agrícolas hispanoamericanos. Inspirado por Gandhi y sus técnicas de no violencia, como la resistencia civil y el ayuno, Chávez primero alentó a los trabajadores agrícolas de origen mexicano a organizarse, registrarse para votar, expresar quejas y hacer huelgas.

Inicialmente, Chávez comenzó a sindicalizar los campos y huertos de California, donde hizo un llamado a boicotear las uvas del estado, y su movimiento adquirió tal fuerza que capturó la atención mundial. Los empresarios agrícolas terminaron por reconocer el sindicato creado por Chávez, la United Farm Workers. En una época donde Occidente veía al comunismo como el peor de los males, Chávez estaba siendo monitoreado por el FBI. "Es mi más profunda creencia que solo dando nuestras vidas encontramos vida", dijo una vez. "Estoy convencido que el más verdadero acto de valentía, el más fuerte acto de hombría, es sacrificarnos por otros en una lucha totalmente no violenta por justicia". Así Chávez representa lo mejor de la diáspora mexicana. Se convirtió en ícono de la comunidad mexicana en los Estados Unidos e indirectamente, gracias a su trabajo por el empoderamiento de los chicanos, también se convirtió en un factor en el surgimiento de este grupo étnico como una importante fuerza electoral y política.

Capítulo 11 – Los Dolores de Fin de Siglo

"Nosotros los mexicanos, por otro lado, luchamos contra entidades imaginarias, vestigios del pasado o fantasmas engendrados por nosotros. Son impalpables e invencibles porque no están fuera de nosotros, sino dentro de nosotros".

—Ganador del Premio Nobel Octavio Paz

México vivió su época dorada, "el milagro mexicano", como se le conoció en todo el mundo, en las décadas de 1950 y 1960. Por primera vez desde que dejó de llamarse Nueva España, el país estaba en paz, con crecimiento económico, paz social, una saludable expansión demográfica que comenzaba a poblar los rincones más lejanos del país, y artes florecientes. Una nueva apreciación de su pasado prehispánico, así como los trabajos arqueológicos en la Ciudad de México para excavar las ruinas de Tenochtitlan y restaurar las pirámides y templos mayas en Yucatán, hicieron de México uno de los principales destinos turísticos. Grandes personalidades visitaron México por primera vez, como Dwight D. Eisenhower, John F. Kennedy, Charles de Gaulle, Jozip Broz Tito, la Reina Juliana de Holanda y Akihito y Michiko, los gobernantes de Japón entre 1989 y 2019 (aunque cabe destacar que visitaron México en la década de 1960). Se inauguró la nueva Basílica de Guadalupe, y el Museo Nacional de Antropología era objeto de admiración general. ¿Cómo había logrado México este milagro?

El México postguerra había adoptado un plan de desarrollo nacionalista. Su estrategia económica fue adoptar una política proteccionista con altos aranceles de importación para desarrollar su propia industria. El gobierno alentó las inversiones nacionales y ofreció reglas claras y confiabilidad a los inversionistas. Al mismo tiempo, se creó un estado de bienestar que ofrecía a los trabajadores educación gratuita, atención médica gratuita, controles de precios y el derecho a organizarse a cambio de disciplina y lealtad al régimen posrevolucionario. Esta etapa se conoció como "desarrollo estabilizador", y permitió a los baby boomers mexicanos disfrutar un periodo de prosperidad y estabilidad sin precedentes. El crecimiento económico era histórico, alcanzando en promedio un 6,8% anual. La producción industrial también creció a un ritmo similar, y lo mejor de todo, era que todo esto se alcanzó sin inflación. Por otro lado, de una forma más sutil, el gobierno suprimía rápida y eficazmente cualquier alteración del orden.

Pero a finales de la década de 1960 el modelo comenzó a mostrar sus limitaciones. En 1968, cuando estallaron protestas estudiantiles en todo el mundo, y la prensa hablaba de los disturbios en París, la contracultura mexicana también hizo públicas sus demandas, y los estudiantes salieron a las calles. Nuevamente, las protestas estudiantiles se concentraron en la capital, y aumentaron rápidamente hasta volverse alarmantes para el gobierno. La prensa oficialista, prácticamente todos los periódicos, hablaba de una conspiración comunista.

Pocos días antes de que los Juegos Olímpicos de Verano de 1968 comenzaran en la Ciudad de México, el gobierno hizo lo impensable. El 2 de octubre, docenas de tanques y cinco mil soldados irrumpieron por todos lados en una manifestación estudiantil que protestaba pacíficamente en la plaza Tlatelolco y dispararon contra aproximadamente diez mil estudiantes y otros que asistieron al mitin. La multitud entró en pánico y comenzó a correr sobre cadáveres. El asalto a Tlatelolco dejó una cifra de muertos que nunca se ha establecido desde que el gobierno se encargó de comprar la prensa, incautar todo el material fotográfico y esconder a los muertos. Durante la noche, los bomberos rociaron la plaza Tlatelolco con mangueras contra incendios para limpiar la sangre. Testigos presenciales y sobrevivientes estiman que hasta quinientas personas murieron ese día.

La masacre de Tlatelolco no fue un evento aislado. Fue el clímax de una serie de protestas y la manifestación de un malestar visible: el desarrollo estabilizador, con todos sus méritos, había desarrollado México, pero se había agotado. Los canales de participación en la política estaban cerrados, y aunque se celebraban elecciones, la democracia era ficticia, y se amplió la brecha entre ricos y pobres. La masacre estudiantil fue la gota que derramó el vaso y la señal más clara de que el largo estado posrevolucionario, representado por el partido estatal, el Partido Revolucionario Institucional (PRI), se había convertido en una especie de "dictadura perfecta". Muchos de los decepcionados y enojados líderes de los estudiantes pasaron a la clandestinidad, y durante las siguientes dos décadas, surgieron movimientos guerrilleros clandestinos en el norte y el sur de México. El gobierno fue implacable y adoptó tácticas de guerra sucia contra las facciones guerrilleras más visibles. Al mismo tiempo, los campesinos ricos del sur formaron grupos paramilitares patrocinados por el gobierno para suprimir cualquier resistencia indígena. Más lenta y discretamente, otro movimiento fue madurando gradualmente, el cual haría su aparición dos décadas después.

El gobierno trató de hacer un giro a la izquierda hacia un estado de bienestar para ayudar a corregir los severos rezagos sociales, y sentó las bases para un nuevo modelo de desarrollo apoyado en un gran tesoro que había estado literalmente escondido bajo tierra: sus enormes reservas de petróleo. Al comienzo de la década de 1980, México era uno de los mayores productores de petróleo del mundo. Tenía tanta influencia en el mercado que constituyó una potencia similar a la de la OPEP. Pero la bonanza temporal vino con una factura costosa. El precio del petróleo se derrumbó repentinamente de 125 dólares por barril en 1980 hasta 64 dólares en 1985. Para un país como México, que se había endeudado mucho para desarrollar su industria petrolera y había amarrado su economía al llamado "oro negro", la caída en el precio solo podía significar problemas. La década de 1980 fue la "década perdida", no solo para México sino para América Latina. México renegoció su deuda externa y adoptó un modelo económico más abierto y liberal basado no solo en exportaciones petroleras, sino en una industria y comercio exterior más diversificados. El presidente Carlos Salinas de Gortari, un reformador, firmó un tratado de libre comercio con los Estados Unidos y Canadá, lo que hizo surgir entre analistas internacionales la pregunta de si América del Norte se convertiría en un bloque económico al estilo de la Unión Europea. Pero era muy tarde. Una voz del pasado, que surgió de las montañas del sur, recordó al mundo que la causa indígena estaba lejos de ser resuelta.

Los Zapatistas

Setenta y cinco años después de la muerte de Emiliano Zapata, el idolatrado campesino luchador por la libertad de 1910, los indígenas del sur le declararon la guerra al gobierno mexicano, reclamando el legado de Zapata. Los ejércitos indígenas con armas obsoletas y los rostros cubiertos con pañuelos tomaron el poblado de San Cristóbal de las Casas el 1 de enero de 1994, el mismo día en que entró en vigor el Tratado de Libre Comercio de América del Norte (TLCAN). En las primeras horas, liberaron prisioneros indígenas y destruyeron títulos de dominio. La decisión de comenzar su rebelión en San Cristóbal fue una fina ironía: tan recientemente como en la década de 1950, a los nativos americanos no se les permitía ingresar a la ciudad, la cual era un pintoresco destino turístico. La fecha elegida también fue un mensaje contundente. Mientras el gobierno miraba hacia afuera, fingiendo ser un país del primer mundo con la firma del TLCAN, el Ejército Zapatista de Liberación Nacional fue un recordatorio de que los nativos americanos en México aún estaban allí. El 1 de enero, las fuerzas zapatistas, formadas por combatientes de las etnias tzotzil, tzeltal, tojolab'al y ch'ol, tomaron las otras seis aldeas en la región de San Cristóbal con rifles, machetes y cuchillos. Llevaban camisas marrones, pantalones verdes y botas de goma. Algunos llevaban mochilas y armas de fuego sofisticadas, mientras otros llevaban rifles de madera pintados con grasa para zapatos.

En una declaración que sorprendió al mundo, los zapatistas anunciaron su intención de marchar hacia la Ciudad de México para derrotar al ejército federal y liberar las ciudades. Acusaron a todos los gobiernos anteriores de practicar una guerra genocida no declarada contra los pueblos indígenas, "sin importarles que estemos muriendo de hambre y enfermedades curables, sin importarles que no tengamos nada, absolutamente nada, ni un techo digno, ni tierra, ni trabajo, ni salud, ni alimentación, ni educación". Al frente del levantamiento estaba un personaje anónimo con una pipa y un pasamontañas. Rafael Sebastián Guillén Vicente, aunque sus ojos no parecían indígenas. Su atuendo se completaba con una bandolera que cruzaba su pecho, una subametralladora, una pequeña pipa en su boca, y una forma de comunicarse que demostraba una educación superior. Guillén, mejor conocido como el Subcomandante Marcos, había vivido por décadas en las montañas de México, organizando la rebelión. "Perdone las molestias", le dijo el líder zapatista a un enojado guía turístico quien se quejó de que tenía que llevar a su grupo a las ruinas de Palenque, "pero esto es una revolución".

Marcos no exageraba en su declaración. La mitad de la población indígena de Chiapas, que era un estado rico en recursos naturales, pero el segundo más pobre de la república, no tenía ingresos. Los nativos, quienes alguna vez habían poblado todo el territorio, se habían ido retirando hacia el sur durante los últimos cinco siglos. El terreno montañoso de Chiapas, que era difícil de explotar y recorrer, albergaba a la mayoría de los pueblos indígenas del país. Los zapatistas, de las cuales aproximadamente un tercio eran mujeres indígenas armadas, eran pobres, bajas en números, teniendo aproximadamente tres mil tropas, y claramente no representaban un riesgo para el gobierno. Sin embargo, el presidente Carlos Salinas decidió responder brutalmente. En primer lugar, el gobierno sembró la idea de que los zapatistas eran guerrilleros extranjeros, terroristas o narcotraficantes, pero en realidad no eran nada de eso.

Una columna de ochocientos soldados llegó al pueblo de Ocosingo en la tarde del 2 de enero de 1994. Ocosingo es un pueblo en las montañas con doce mil habitantes cerca de la frontera con Guatemala. Los zapatistas se habían retirado de la mayoría de los pueblos tras la llegada del ejército, pero no de Ocosingo. Estaban concentrados en el mercado, donde se produjo una batalla que duró toda la noche. El 3 de enero, el ejército decidió tomar el mercado por asalto. Con instrucciones del comando superior de no dudar sobre las ejecuciones sumarias, las tropas federales asaltaron el centro de la ciudad. Más tarde, la lucha continuó casa por casa. Por la noche, los zapatistas intentaron romper el cerco concentrando sus fuerzas en un solo punto e intentaron llegar a un cerro que los llevaría de vuelta a la jungla, pero no estaban preparados. La masacre de Ocosingo repercutió en todo el mundo. Para recuperar otros pueblos que no podían ser tomados por las fuerzas terrestres, el presidente autorizó el uso de la Fuerza Aérea Mexicana. Fotografías de hombres y mujeres indígenas asesinados en sus propias tierras recorrieron el mundo, a pesar de los esfuerzos del ejército por despejar el campo de batalla, y tuvieron un efecto devastador contra el gobierno mexicano. Las imágenes son escalofriantes, como si hubieran sido tomadas de un pasado barbárico. Las confrontaciones continuaron por doce días y terminaron cuando el gobierno recuperó los pueblos ocupados, con cientos de zapatistas muertos. Los pueblos indígenas fueron expulsados de vuelta a la jungla de Chiapas, y el presidente Carlos Salinas aseguró a la nación que el gobierno tenía el control.

Sin embargo, Salinas había cometido un terrible error de cálculo. Las imágenes de la breve guerra contra los pueblos originarios impactaron a amplios sectores de la sociedad mexicana. Diez días después del inicio del conflicto, más de cien mil personas se manifestaron en la Ciudad de México en apoyo a los zapatistas. El presidente vaciló. Los nativos americanos habían despertado, nuevamente, la conciencia internacional y sacudido la sociedad mexicana. La naturaleza justa de sus demandas llamó la atención mundial. Pronto llegaron miles de observadores internacionales. En cuestión de semanas, la rebelión zapatista era uno de los movimientos sociales más famosos del mundo y había despertado un inesperado nivel de solidaridad. "No fuimos a la guerra el 1 de enero a matar, o a que nos mataran. Fuimos a hacernos escuchar", dijo Marcos, y logró exactamente eso.

El gobierno mexicano fue el primero en ser sorprendido por el levantamiento y el grado de atención que había ganado internacionalmente, especialmente la figura del enigmático Subcomandante Marcos, quien se volvió una celebridad entre los intelectuales alrededor del mundo. Se declaró un alto al fuego, y el gobierno ofreció un perdón. "¿Por qué nos van a perdonar?" preguntó el líder encapuchado en una nueva declaración. "¿Por no morir de hambre? ¿Por no aceptar nuestra miseria en silencio? ¿Por no aceptar humildemente la enorme carga histórica del desdén y el abandono? ¿Por habernos levantado en armas cuando encontramos todos los otros caminos cerrados? ¿Por haberle mostrado al país y al resto del mundo que la dignidad humana aún existe, y está en el corazón de los habitantes más empobrecidos? ¿Por haber hecho preparativos cuidadosos antes de iniciar nuestra lucha? ¿Por haber llevado armas a la batalla en lugar de arcos y flechas? ¿Por ser mayoritariamente indígenas? ¿Quién debe pedir perdón y quién puede concederlo? ¿Aquellos que, durante años y años, se sentaron ante una mesa llena mientras nosotros nos sentamos con la muerte, como un factor tan cotidiano en nuestras vidas que incluso dejamos de temerle?".

Pronto comenzaron las negociaciones de paz. El Obispo de San Cristóbal, Samuel Ruiz, una figura respetada en la cual los rebeldes confiaban y un sacerdote identificado con la teología de la liberación, actuó como mediador. Los zapatistas exigieron una nueva relación entre el estado y los pueblos indígenas. Los Acuerdos de San Andrés propusieron el derecho a la autonomía de los pueblos indígenas, lo que significaba que ellos podrían decidir cómo organizarse política, social, económica y culturalmente. Le pidieron al estado que estableciera mecanismos que garantizaran condiciones que les permitieran lograr satisfactoriamente su nutrición, salud y vivienda. Desde su punto de vista, la política de México hacia los nativos americanos debería establecer programas prioritarios para la mejora de la salud y la nutrición de los niños, así como programas para la capacitación de mujeres. La administración del nuevo presidente, Ernesto Zedillo, pudo haber aceptado esas demandas sociales, pero el corazón de los Acuerdos de San Andrés, la autonomía, era demasiado para un gobierno que quizás temía perder Chiapas, como ya había ocurrido una vez en el siglo XIX. Este podría haber sido el primer paso hacia la "balcanización" de México, una preocupación que sin duda se infiere de las guerras yugoslavas, las que en ese momento estaban en su apogeo.

En febrero de 1995, el gobierno realizó un sorpresivo contraataque, violando las condiciones del alto al fuego. El gobierno también reveló la identidad del Subcomandante Marcos, quien era un ex estudiante de filosofía en la UNAM (Universidad Nacional Autónoma de México) de la Ciudad de México, y recuperó por la fuerza el territorio zapatista. En las primeras horas del 9 de febrero, el ejército rompió las posiciones de los nativos americanos con aviones, helicópteros y soldados a pie, demoliendo casas, matando a animales de granja y destruyendo cultivos. Los habitantes, por temor a represalias, abandonaron las aldeas y se refugiaron en las montañas, incluidos los niños. Zedillo pronunció un discurso triunfal en la televisión nacional, pero la estrategia del gobierno volvió a fracasar. Al mostrar el rostro de Marcos en televisión sin su máscara, el presidente esperaba desmitificar el aura del Subcomandante y hacerle perder apoyo social. Pero la incursión tuvo el efecto contrario. Ante la nueva agresión, siguieron más protestas masivas, especialmente en la Ciudad de México, el lugar de la antigua Tenochtitlan, donde se reunió una enorme multitud con pasamontañas, gritando en solidaridad, "¡Todos somos Marcos!".

La escena no podía ser más simbólica. Después de quinientos años, en el mismo lugar donde el imperio azteca llegó a su fin, la gente se reunió una vez más para reconocer la deuda histórica de México y quizás sentir algo de culpa hacia quienes estuvieron allí primero.

Conclusión: México

Benito Juárez, universalmente aclamado como uno de los mejores, si no el mejor, presidente de México, dijo una vez: "¿Por qué México, mi país, es tan extraño que está formado, mitad y mitad, de una inagotable fuente de ternura y profundo pozo de bestialidad?". ¿Juárez tenía en mente la bandera mexicana cuando dijo esto, donde una noble águila y una serpiente luchan eternamente a muerte, símbolo de dos fuerzas opuestas, una del cielo y otra de la tierra?

México es un país de contrastes, desde su geografía hasta su gente. Su historia es una de encuentro y conflicto, de triunfos que se convirtieron en fracasos una vez que mostraron sus limitaciones para resolver las necesidades de una sociedad, una sociedad que nació a partir de uno de esos encuentros, uno violento entre Moctezuma y Hernán Cortés. En 1810, la independencia iniciada por los Padres Miguel Hidalgo y José María Morelos dio origen a un país que se volvió adicto a resolver sus problemas con golpes de estado y proclamaciones. El fervor de los liberales del siglo XIX por crear una sociedad igualitaria los llevó a cometer excesos que provocaron una reacción igualmente amarga, lo que llevó a la intervención de Francia y una trágica monarquía. La Revolución Mexicana de 1910, que luchaba por una reforma agraria y justicia social, terminó siendo autoritaria y anticlerical, engendrado primero la guerra Cristera y luego el amplio malestar social de la década de 1960. Por tanto, solo es apropiado decir que el México de hoy, un país independiente de 200 años con antiguas raíces, continúa buscando ese largamente esperado equilibrio y el encuentro definitivo. "México es un hermoso país, uno de los más bellos de la Tierra", escribió el intelectual Jesús Silva-Herzog, "pero aún está en construcción, y lo que más importa es terminar el trabajo, y mientras más pronto, mejor".

Sin embargo, no todo ha sido violento. A partir de estos encuentros entre razas, culturas e ideas, a menudo sangrientos, México ha logrado obtener lo mejor de sus hombres y mujeres, quienes le han dado muchas contribuciones al mundo. A pesar de que la civilización podría ser posible sin ellas, nadie querría vivir en un mundo sin ellas. Los mayas inventaron el cero alrededor del año 350 a. e. c., y lo utilizaban como un marcador de posición en sus complejos calendarios; también, aunque otros países harían una mueca ante esta afirmación, inventaron el fútbol, o al menos un juego muy similar. Los aztecas fueron la primera civilización en el mundo en otorgar educación universal y gratuita, sin importar la edad, clase o género, en un mundo donde, hasta hace poco, la escuela estaba reservada para los ricos y nobles. Los también fueron los creadores del primer zoológico en América.

Muchas delicias, como el chocolate, el tequila, el aguacate, las tortillas de maíz, y las palomitas, nacieron en México. El mundo no solo se enamoró del chocolate, también otras culturas decidieron preservar su nombre original en el idioma náhuatl: chocolate en inglés, *sokoláta* en griego, *čokoláda* en checo, *shukulata* en árabe, y *shukuledi* en Zulú. En el caso de las tortillas, el elemento básico del famoso taco, existe evidencia de que se preparaba en Oaxaca hace tres mil años; en lo que respecta al aguacate, la base del muy conocido guacamole, existe evidencia que se consumía hace diez mil años en el estado de Puebla. No en vano, la cocina mexicana es una de las tres cocinas en todo el mundo, junto con la francesa y la japonesa, que es considerada como Patrimonio Cultural Intangible por la UNESCO.

La televisión a color fue desarrollada por el ingeniero eléctrico Guillermo González Camarena cuando tenía 23 años. La píldora anticonceptiva fue sintetizada por el químico Luis Ernesto Miramontes Cárdenas. En el campo de la ciencia, Mario Molina, ganador del Premio Nobel en 1995, demostró el mecanismo por el cual la capa de ozono se destruye y se percató del adelgazamiento de la capa en la Antártica, creando conciencia global acerca de los peligros de los CFC.

A medida que el siglo XXI se pone en marcha, se abren nuevos desafíos históricos para México: la amenaza del tráfico de drogas, el problema migratorio con los Estados Unidos, y abordar sus desigualdades regionales y económicas, todos problemas que permanecen endémicos. Pero también se abrirán nuevas oportunidades en los años siguientes. México podría tener una posición de liderazgo en América Latina, y en el futuro distante, posiblemente será testigo, junto con su vecino del norte, del nacimiento de un nuevo tercer país entre México y los Estados Unidos que los futurólogos llaman Mexamérica, por falta de un mejor nombre.

Los mexicanos son ampliamente conocidos como hospitalarios y afectuosos con los visitantes y extranjeros. "México tiene un lugar para los extranjeros, tiene una extraña melodía", dijo la artista Chavela Vargas, quien, a pesar de haber nacido en Costa Rica, fue una mexicana autoproclamada. "Decir México es decir algo dulce, dulce México. México es la palabra divina, la palabra mágica, la palabra sabia. Es sobre su sonido y color que aparece en nuestras mentes cuando la decimos. Es un olor". Si agregamos la enorme biodiversidad de México (el territorio alberga casi el 70 por ciento de la variedad mundial de plantas y animales), y los tesoros arqueológicos a la mezcla, no es sorprendente que hoy sea el sexto país más visitado en el mundo. Y si viajar por sus tierras lo convierte en una experiencia inolvidable y fascinante para los extranjeros, no menos fascinante es la compleja y dramática historia de una nación donde surgió una de las primeras civilizaciones del planeta, un pueblo de astrónomos y guerreros. Una historia que incluye el encuentro entre Cortés y Moctezuma, donde la globalización realmente comenzó. Con 130 millones de habitantes, es, en todo sentido, un lugar tan reconocible que uno puede verlo claramente desde el espacio, un cuerno con dos penínsulas como manos estiradas rodeadas, como en la antigüedad, por aguas azules. Los mexicanos tienen un dicho para eso: "*como México no hay dos*".

Segunda Parte: La Revolución Mexicana

Una guía fascinante sobre la guerra civil mexicana y cómo Pancho Villa y Emiliano Zapata tuvieron un impacto en México

Introducción

La Revolución mexicana fue un momento decisivo del siglo XX. La lucha mexicana por la democracia, la igualdad y la justicia ha causado conmoción en todo el mundo. Ningún otro episodio de su historia ha dejado una huella más profunda. Se trata de un drama de tres actos lleno de política, persecución y guerra, sin mencionar los terremotos, las señales en el cielo, e incluso las sesiones espiritistas, mientras que destacan los villanos más grandes, los espías internacionales y las figuras universalmente conocidas como Pancho Villa o Emiliano Zapata. De hecho, nuestra idea moderna de «revolución» tiene mucho que ver con lo que ocurrió en este país entre 1910 y 1920.

Aunque los levantamientos de las clases desfavorecidas se han ido produciendo desde la antigüedad, el caso de México en el siglo XX es único, ya que fue la primera revolución popular triunfante que, a diferencia de otras, fue capaz de establecer un gobierno popular que llevó a cabo amplias transformaciones sociales sin recurrir al terror de estado, como fue el caso de la Unión Soviética o China. Esta revolución integró a los grupos de población marginados en la vida nacional y dio origen a una nación renovada, en la que, durante cien años, no se ha producido un nuevo golpe de Estado, un fenómeno que ha ido devastando a los otros países de América Latina durante el siglo XX. En cierto modo, el transcurso de la Primera Guerra Mundial se definió en México, y las expresiones ideológicas que surgieron durante esa década, como el Plan de Ayala y la Constitución de 1917, influyeron en movimientos tan lejanos como la Revolucion rusa, la República de Weimar y el levantamiento zapatista de 1994. Varios levantamientos centroamericanos del último cuarto del siglo XX le deben mucho a esta influencia.

Así pues, la Revolución mexicana ha sido un pozo inagotable para los historiadores y novelistas. Libros en varios idiomas podrían llenar una gran biblioteca, desde los primeros relatos, cuando el rugido de los cañones apenas se había apagado, hasta la tercera década del siglo XXI, que ya ha visto la aparición de nuevos volúmenes y biografías. Los libros titulados, *Una breve historia de...* que resumen la Revolución mexicana son numerosos. Uno de los aspectos más interesantes de la Revolución mexicana es que fue una de las primeras guerras del mundo que se ha documentado a través de la fotografía y el cine. Emiliano Zapata, en la imaginación de los habitantes de la Ciudad de México, era el «Atila mexicano», un salvaje de las montañas que lideraba tropas de bandidos que violaban y destruían, algo que la prensa de la capital se inventó deliberadamente. Cuando el ejército campesino de Zapata finalmente entró en la ciudad, los ciudadanos se dieron cuenta de que la realidad era muy diferente.

En definitiva, la Revolución mexicana no fue una guerra más de una larga lista de guerras, sino una transformación casi genética de la nación que, como consecuencia, después fue capaz de crear un movimiento cultural e intelectual que formó la identidad de lo que hoy se reconoce como típicamente «mexicano», como los murales de Diego Rivera, los cuadros de Saturnino Herrán, la música de Manuel M. Ponce y las novelas de Mariano Azuela.

Este libro publicado por nuestra editorial sale justo en el año del centenario del fin de la Revolución mexicana y es una guía práctica para el lector neófito que quiere aprendérselo todo desde cero.

Capítulo 1. El cometa

Cuando el cometa aparezca en el horizonte occidental, después del 20 de mayo, presentará un espectáculo tan magnífico y asombroso que tendremos que recordarlo como uno de los grandes acontecimientos de nuestras vidas, para después poder hablarles a nuestros nietos sobre el gran año de 1910.

El Faro, 15 de abril de 1910, unos meses antes de que comenzara la Revolución mexicana

Un pequeño cometa apareció en el cielo de la Ciudad de México en las primeras horas antes del amanecer. Voló a través del firmamento de invierno, que en ese momento era particularmente claro. Apenas era una mancha en el cielo. Al principio, solo los astrónomos —una profesión desarrollada en México desde la época de los mayas— mostraron interés en el regreso del cometa Halley. Pero en el año 1910 se produciría un avistamiento espectacular. A principios de mayo, la estrella y su cola cruzaron la bóveda del cielo de horizonte a horizonte, y era visible incluso al mediodía. Incluso en nuestros tiempos, la aparición de un cometa puede causar ansiedad en algunas personas. No es de extrañar que, en los albores del siglo XX, fuera visto como un signo inquietante por la mayoría de los mexicanos, esos campesinos que trabajaban desde el amanecer hasta el atardecer y que, en su mayoría, eran pobres y analfabetos. Los hombres y las mujeres mayores decían que se trataba de una señal de que se avecinaba una calamidad, al igual que en la antigüedad cuando un cometa había anunciado la caída del imperio de Moctezuma antes de la llegada de los españoles.

En la primavera del año 1910, el pánico se extendió —no solo entre los pobres y analfabetos— cuando la comunidad científica anunció que, a mediados de mayo, la Tierra pasaría por la cola gaseosa del cometa. No está claro cuál fue el origen de este pernicioso rumor, que se reprodujo ampliamente en los periódicos de la época, según el cual la *cauda* de Halley (que significa «cola» en latín) contenía cianógeno, un gas venenoso que exterminaría a toda la humanidad. La noticia se difundió como una pandemia, aunque los científicos más serios informaron de que no sería así: algunos dijeron que la cola solo produciría en la gente el efecto de gas hilarante y que, en el peor de los casos, la humanidad se estaría riendo a carcajadas durante el encuentro.

Pero ya era demasiado tarde. Para entonces, los que sabían cómo funcionaban los fenómenos naturales dijeron que el cometa chocaría con la Tierra, que la cola era tóxica y que las fuerzas gravitacionales crearían mareas destructivas en todos los continentes. Los que no sabían de física simplemente tenían la sensación de que la estrella errante era un presagio y que una gran aflicción iba a caer sobre México. Tal vez una gran guerra. O una plaga. En el día fijado para el encuentro entre el planeta y el cometa —el 18 de mayo, para ser precisos— las iglesias de todo México estaban llenas de gente que buscaba confesarse, con la creencia de que el fin estaba cerca. Pero mientras los feligreses se alineaban frente a los confesionarios, seguramente nadie sabía que el peligro, en realidad, ya había pasado. A las nueve de la mañana, sin que nadie se diera cuenta, el mundo pasó por la cola del cometa más famoso de la historia. El 19 de mayo, los periódicos informaron con alivio que las predicciones habían fallado. Pero los hombres y mujeres mayores lo sabían mejor.

Diez años después del cometa, en el año 1920, la fecha en la que la mayoría de los historiadores sitúan el final de la Revolución mexicana, entre el 10 y el 20 por ciento de los mexicanos habían muerto y poco quedaba de ese país del siglo XIX, que había observado el cometa Halley con ojos asombrados. Sus campos, haciendas y pueblos estaban medio destruidos, las paredes de adobe a prueba de balas de las casas estaban agujereadas y la gente temblaba al ver a un grupo de hombres a caballo. Puentes, carreteras y postes de telégrafo quedaron destrozados en muchos lugares. Peor aún, casi todas las familias tenían al menos un miembro desaparecido debido a alguna batalla, a los cientos de ejecuciones, a los miles de exiliados por cuenta propia, a las mujeres capturadas por grupos de jinetes o a las muertes por enfermedad y hambre. Entre dos y tres millones de personas, incluidas las estadísticas militares y civiles, habían muerto, y la sangre empapaba los campos en el norte, centro y sur del país. Esta es una cifra impactante si se considera que este número representaba alrededor de un 20 por ciento de la población en aquel momento. Varios presidentes habían pasado por el Palacio Nacional de la Ciudad de México, incluyendo a uno cuyo mandato solo había durado unos 45 minutos y los periódicos habían informado de dos asesinatos. No fue la cola de un cometa la que barrió México, sino un viento saturado de voces de indignación, rabia, críticas y, sobre todo, de demanda de justicia.

Una revolución que había comenzado tímidamente como un movimiento democrático se convirtió en una gran agitación económica y social que cambió el panorama del país. Diez años después del cometa Halley, un viajero habría experimentado un México diferente. Durante una década, el mundo observó de cerca la Revolución mexicana, la primera guerra importante que se fotografió, filmó y reportó de manera extensa. En ese tiempo, de 1910 a 1920, México también había pasado por dos invasiones de los Estados Unidos y se involucró en un asunto diplomático con Alemania que llevó a los Estados Unidos a participar en la Primera Guerra Mundial.

La tormenta que barrió México también derrocó a la vieja oligarquía y su ejército, construyó los cimientos del gobierno para acabar con la servidumbre de los trabajadores y creó la oportunidad de redefinir México como una sociedad más igualitaria. Aunque estaba medio destruido y todavía olía a pólvora, los viajeros que visitaron el país en el año 1920 habrían notado una gran devastación y un pueblo harto de la guerra, pero también algo impalpable: la Revolución mexicana, con sus dos millones de muertos, había marcado la ruta que guiaría a México durante el resto del siglo XX hacia una amplia reforma agraria, un Estado popular y nacionalista y —después de cien años— un país que podría, por fin, aspirar a vivir en paz.

¿Pero qué fue lo que provocó una semejante tormenta cuando nadie podía imaginar en el año 1910 que un levantamiento popular —y mucho menos una revolución nacional— podría tener lugar en México?

***

El año 1910 estuvo marcado por las celebraciones. El gobierno no escatimó en gastos para celebrar el centenario de la guerra de Independencia de México de 1810. Al frente de la presidencia estaba Porfirio Díaz, un viejo soldado que había luchado contra los franceses en la famosa batalla del Cinco de Mayo en Puebla, y que había gobernado el país con mano dura durante más de treinta años. Para las celebraciones del centenario, invitó a representantes extranjeros de todos los rincones del mundo a ver una Ciudad de México renovada, con nuevos monumentos que recordaban las glorias nacionales, palacios, instalaciones públicas y la joya de la ciudad: las nuevas farolas de mercurio. En el Palacio Nacional, hubo suntuosas recepciones con camareras mexicanas perfectamente elegidas para pasar por extranjeras, es decir, rubias. En una de estas recepciones se inauguró un monumento a George Washington y el 16 de septiembre, el Día de la Independencia, la gente detrás de las líneas de la policía se maravilló ante un espléndido desfile con carros y carrozas que mostraba la historia de México, desde el emperador Moctezuma y la gran Tenochtitlán, hasta la lucha por la independencia y las efigies de los héroes del pasado. En el bosque de Chapultepec se inauguró un nuevo lago y el pueblo fue testigo de la marcha de las tropas extranjeras que saludaban a México, incluso lo hacían los *pantalones rojos* franceses, contra los que el presidente Díaz había luchado el Cinco de Mayo. El enviado francés mostró su admiración por el viejo dictador y le devolvió las llaves de la Ciudad de México que su predecesor había recibido de los enemigos de Díaz en el año 1863. El 23 de septiembre, que muchos consideraron el punto culminante de las celebraciones, se celebró un espléndido baile en el Palacio Nacional, al que asistieron 2.000 invitados de todo el mundo. «Considero a Porfirio Díaz, el presidente de México, como uno de los hombres más grandes a cuyo heroísmo debe rendir culto la humanidad entera», dijo el Secretario de Estado de los EE. UU. Elihu Root.

Todo esto sucedió en la Ciudad de México, una muy pequeña porción del territorio nacional. Pero, al igual que un globo aerostático flota para descubrir los campos y los pequeños pueblos de más allá, un viajero atento podía ver, al alejarse de la gran ciudad, que México estaba lejos de ser el paraíso de Díaz de «Orden y Progreso», donde los representantes extranjeros brindaban con champán en copas de cristal fino.

Capítulo 2. El hombre fuerte de las Américas

Revolución (sustantivo). 1. Una alteración importante, repentina y, por lo tanto, típicamente violenta en el gobierno y en las asociaciones y estructuras relacionadas. 2. Un desafío al orden político establecido y el posible establecimiento de un nuevo orden radicalmente diferente del anterior.

Encyclopedia Britannica

«No necesito abogados. Necesito labradores».

Luis Terrazas, el terrateniente más rico de México, cuando le dijeron que querían poner escuelas en sus haciendas.

En su juventud, Porfirio Díaz había sido el héroe de México. Cuando Francia invadió México en el año 1862, buscando establecer una monarquía, Díaz fue un joven y enérgico general que mostró un comportamiento heroico en la famosa batalla del Cinco de Mayo, que es la fiesta mexicana más popular del mundo, aunque no en México. Después de que los franceses fueron derrotados en las afueras de Puebla, el general Díaz los persiguió con su caballería para acabar con ellos, a pesar de las órdenes de su comandante general, Ignacio Zaragoza, de retirarse. Los camaradas de Díaz pudieron hacer que volviera solo cuando Zaragoza amenazó con sancionarlo. Cinco años después, tras la caída de la monarquía de Maximiliano de Habsburgo, Díaz tuvo la gloria de capturar la capital y marchar a la Ciudad de México, un acontecimiento conocido como el Restablecimiento de la República. Más tarde, en 1877, Díaz se convirtió en el presidente del país que había ayudado a salvar y, salvo un breve intervalo de cuatro años, gobernó México durante tres décadas sin interrupción bajo las apariencias democráticas. Organizó elecciones, pero había desmantelado la oposición, eliminado a sus rivales políticos, puso a sus amigos en el Congreso y en las gobernaciones de los estados, e iba ganando elecciones tras elecciones.

Porfirio Díaz es un personaje controvertido en México. Hasta hace poco, era oficialmente el villano de la historia, pero en los últimos años, los historiadores lo han defendido hasta cierto punto. Díaz fue un hombre de su tiempo. Como presidente de un país desestabilizado por una serie de golpes de Estado y revueltas locales incesantes, que amenazaban con desmembrar la nación, logró finalmente cortar el ciclo de golpes de Estado y guerrillas locales, dando a México una estabilidad que nunca había conocido. Durante su mandato, conocido como el Porfiriato, la inversión extranjera fluyó al país y se construyó la infraestructura necesaria, especialmente vías férreas, carreteras y telégrafos. Cuando Díaz se hizo cargo de México, el país tenía 640 kilómetros (casi 400 millas) de vías férreas. En el año 1910, al final de su mandato, había casi 20.000 kilómetros (cerca de 12.430 millas) de vías, lo que equivalía al trayecto de la Ciudad de México a Moscú y de vuelta. Antes de su época, México era un conjunto de regiones desconectadas que, gracias al ferrocarril, empezaron a sentirse unidas y a formar algo más parecido a una nación. La inversión extranjera, especialmente la americana, desarrolló las minas, las industrias textiles y exportó productos agrícolas, como el café, el azúcar y el henequén. Por primera vez, había empleo disponible y los sueldos reales aumentaron en una generación. Díaz pagó la deuda externa de México, algo que le había causado a México muchos dolores de cabeza e intervenciones extranjeras en el pasado y pacificó las áreas problemáticas de la península de Yucatán y los estados fronterizos del norte, que habían sido devastados a lo largo del siglo XIX por las incursiones apaches y otros grupos étnicos. En el ámbito internacional, México se sumó a la globalización y estableció buenas relaciones diplomáticas con potencias de todo el mundo. En cada uno de sus cumpleaños, Díaz recibía felicitaciones del Káiser, del presidente de los Estados Unidos y de los monarcas europeos. Don Porfirio fue el primero en reunirse con el presidente de los Estados Unidos, William Taft, en El Paso-Ciudad Juárez. «Usted es, que yo sepa», dijo el viejo general a su fornido vecino, «el primer jefe de los EE. UU. en visitar esta tierra.» Por todas estas razones, Díaz fue considerado como el hombre fuerte de las Américas.

Sin embargo, esta prosperidad se construyó sobre unas masas empobrecidas e insatisfechas. Con el cambio de siglo, las deficiencias de la época, conocidas como Porfirismo, comenzaron a surgir como cadáveres arrojados a un lago con la esperanza de que no fueran un problema en el futuro. Ciertamente México tenía una industria emergente, pero la minería, el ferrocarril, la agricultura a gran escala y los sectores financieros estaban en manos extranjeras, principalmente estadounidenses. El resentimiento estaba presente tanto entre las clases medias —que recibían menos salarios que los trabajadores americanos que hacían los mismos trabajos— como entre los campesinos. Para mantener la calma y la paz, Díaz había eliminado la libertad de prensa, los partidos políticos, los sindicatos y a cualquiera que se le opusiera por cualquier medio necesario, incluyendo el exilio y el asesinato. Los primeros temblores de muerte del régimen comenzaron en los años 1906 y 1907. Durante esos años se produjeron dos huelgas en la empresa minera de Cananea y en una empresa textil llamada río Blanco. A pesar de que los huelguistas, no dispuestos a tolerar más injusticias y maltratos por parte de sus amos extranjeros, rogaron al presidente Díaz que interviniera, el general reprimió brutalmente a los trabajadores. En la fábrica de río Blanco, situada en el estado de Veracruz, se escucharon disparos durante varios días mientras las fuerzas del orden liquidaban a los huelguistas, que huyeron a los montes.

Díaz, por supuesto, no desconocía la situación del país, los temores generalizados de que los Estados Unidos se apropiaran de más territorio y la insatisfacción con la actitud de los verdaderos propietarios del país. La dependencia de México del ciclo de negocios de los Estados Unidos, así como la política del «palo grande» de Theodore Roosevelt, su corolario de la Doctrina Monroe, preocupaba tanto al presidente Díaz que en sus últimos años comenzó a acercarse a los inversores europeos para proteger a México de la ideología anexionista de los Estados Unidos, que se había vuelto tan estridente, que incluso tenía sus ojos hambrientos puestos en los estados del norte de México. A Porfirio Díaz se le atribuye la frase que resume su preocupación por el vecino del norte: «¡Pobre México, tan lejos de Dios y tan cerca de los Estados Unidos!».

A lo largo de su historia como nación independiente, México había atraído los intereses de las grandes potencias debido a su posición geográfica y a sus recursos naturales. A principios del siglo XX, se descubrieron grandes yacimientos petrolíferos y México se convirtió en el tercer productor mundial de lo que se conoce como el oro líquido. Díaz otorgó concesiones liberales para su explotación, lo que hizo al país aún más deseable para los inversores extranjeros. Las riquezas minerales de oro y plata de México eran legendarias. Además, la demanda de los cultivos mexicanos, como el café, el caucho y el henequén, despertó la codicia de los capitalistas internacionales. A medida que la demanda mundial aumentaba y las potencias extranjeras expandían sus intereses económicos en todo el mundo, México se encaminaba a convertirse en el campo de batalla de los grandes intereses globales.

Pero la causa más inmediata del derrumbe del antiguo régimen fue la situación de la clase rural, que constituía la gran mayoría del país. Los campesinos, encadenados a las grandes plantaciones del sur del país, vivían en condiciones de semiesclavitud, sufrían abusos físicos y estaban endeudados de por vida con las haciendas, ya que los patrones pagaban en especie y nunca en efectivo. Las deudas de los campesinos se heredaban de padres a hijos, lo que no hacía sino perpetuar la pobreza y la desesperación. El escritor americano John Kenneth Turner, que visitó una hacienda henequenera en Yucatán durante el Porfiriato, quedó horrorizado por lo que vio.

> Entre ellos vi a mujeres y a niños de aspecto cansado, a veces niñas de ocho o diez años. Dos mil hojas [de henequén] al día es el horario habitual en [la hacienda de] San Antonio Yaxche. En otras plantaciones me dijeron que a veces llega hasta tres mil. «Venimos a trabajar con gusto», dijo otro joven maya, «porque estamos hambrientos. Pero antes de que termine la primera semana queremos huir. Por eso nos encierran por la noche».

Lo primero que Turner vio en una plantación de henequén fue cómo azotaban a un «esclavo» cincuenta veces con una cuerda mojada. «No había visto ningún castigo peor que la paliza en Yucatán», escribió. A las mujeres se les obligaba a arrodillarse cuando se les azotaba.

La situación de los campesinos es clave para entender la Revolución mexicana. Para el 1910, el año del cometa Halley, la apropiación de tierras y el despojo de comunidades a manos de grandes terratenientes y las llamadas empresas de delimitación se habían estado llevando a cabo durante décadas. Una sola familia, los Terrazas de Chihuahua, poseía siete millones de hectáreas solamente. Hay países en el mundo que son más pequeños que eso. Los campesinos desposeídos acudían a los plantadores para ofrecer lo único que les quedaba: sus manos y su trabajo.

A los ojos de la clase dirigente del país, eran una carga, una multitud ignorante y perezosa que estaba destinada a ser oprimida, subyugada y explotada hasta la muerte, bajo el sol. «Éramos duros», admitió Díaz. «Los pobres son tan ignorantes que no tienen poder. Éramos duros a veces hasta el punto de ser crueles. Pero todo esto era necesario para la vida y el progreso de la nación».

En los años 1907 y 1908, una repentina recesión americana que había comenzado en Wall Street llegó a México, que en ese momento dependía en gran medida del ciclo económico de los Estados Unidos. Aunque la crisis duró poco en los Estados Unidos, las consecuencias fueron catastróficas para los mexicanos, que vieron cómo los precios de los bienes de consumo se duplicaban mientras los salarios caían en picado.

La entrevista con Creelman

En el año 1908, en vísperas de una nueva elección presidencial, el general Díaz, de casi ochenta años, concedió una entrevista a un periodista extranjero llamado James Creelman para una publicación mensual estadounidense llamada *Pearson's Magazine*. El título de la entrevista era «Porfirio Díaz: el héroe de las Américas», donde el periodista no ocultó su admiración por el presidente. Creelman simplemente reflejaba la idea generalizada de Díaz entre las naciones industrializadas:

> No existe una figura más romántica o heroica en todo el mundo, ni una más intensamente observada tanto por los amigos como por los enemigos de la democracia, que el estadista-soldado cuya juventud aventurera hace palidecer las páginas de Dumas, y cuyo férreo dominio ha convertido a las masas guerreras, ignorantes, supersticiosas y empobrecidas de México, oprimidas por siglos de crueldad y codicia españolas, en una nación fuerte, estable, pacífica, pagadora de deudas y progresista.

Creelman olvidó mencionar que Díaz era un dictador que reprimía ferozmente cualquier oposición. Pero quizás Creelman no lo mencionó porque el viejo general hizo una sorprendente declaración durante la histórica entrevista. «Puedo dejar la Presidencia de México sin una punzada de arrepentimiento», dijo Díaz al principio. Don Porfirio admitió que ya estaba harto y que acogería con agrado la aparición de un partido de oposición. Cuando la entrevista salió a la luz, el texto se leyó con ojos asombrados por la clase política mexicana. «Le daré la bienvenida a un partido de la oposición. Si aparece, lo veré como una bendición y no como un mal, y si puede desarrollar el poder, no para explotar sino para gobernar, lo apoyaré, lo asesoraré y me olvidaré de mí mismo en la exitosa inauguración de un gobierno democrático completo en el país». Y sería a través de esta repentina fisura que Díaz abrió, por la que un hombre llamado Francisco Ignacio Madero entraría.

Capítulo 3. Francisco y los espíritus

«Amigos míos, el pulque es el mejor auxiliar de la dictadura, porque degrada, brutaliza a los pueblos, y los entrega atados de pies y manos a sus verdugos».

Francisco I. Madero

El espacio de libertad que Díaz abrió en el vigésimo cuarto año de su presidencia pudo haber sido un momento de lucidez o tal vez un movimiento calculado para derrotar a su oponente más fuerte, lo que provocó una avalancha de pequeños partidos políticos. El hecho es que este vacío legal lo aprovechó un personaje bastante improbable; quien lo aprovechó no fue un líder campesino en armas, ni un líder obrero anarquista o un intelectual comunista; sino más bien el hijo de una de las familias más ricas del país, Francisco I. Madero.

Francisco Madero era un hombre pequeño con una amplia frente, perilla y cejas gruesas. Medía 1,57 metros de altura y tenía una mirada profunda con los ojos llenos de serenidad. Siempre parecía estar un poco distraído y sufría de un constante temblor en su hombro izquierdo. Había estudiado en París, donde descubrió las obras de Allan Kardec, el padre del espiritismo y se interesó él mismo por el espiritismo. Cuando regresó a México, comenzó a practicar la escritura automática como un medio. La tabla de la güija le dijo que un día sería el presidente de México. A pesar de ser miembro de una de las familias más ricas, Madero tenía una gran conciencia social. En sus haciendas, hablaba con sus trabajadores, se aprendía sus nombres e introducía nuevas técnicas de cultivo que aumentaban la productividad de la tierra. Practicaba una rígida disciplina corporal, que significaba nada de alcohol, ni tabaco, ni carne y animaba a sus trabajadores a evitar el alcoholismo. «Amigos míos», les decía, «el pulque es el mejor aliado de la dictadura, porque degrada, brutaliza al pueblo, y lo entrega atado de pies y manos a sus verdugos». Lleno de sentimientos humanistas y filantrópicos, Panchito (apodo que tenía Francisco, en referencia amorosa a su baja estatura) incrementó los salarios de sus trabajadores, les proporcionó atención médica e introdujo la educación en sus haciendas, para convertirlas en unidades productivas modelo.

Considerado como la oveja negra de la familia, cuyos miembros tenían buenas relaciones con el régimen y pocas ganas de meterse en líos con el gobierno, Francisco Madero comenzó su carrera como escritor en dos géneros muy diferentes: como espiritista con el *nom de plume* de BHIMA, y escritor sobre los asuntos mundanos y más temporales, con su nombre de nacimiento. Se tomaba muy en serio su actividad como médium; estaba convencido de que podía comunicarse con un hermano menor suyo que había muerto de niño, así como con otro miembro de su familia ya fallecido llamado José, quien le dijo a Francisco que tendría que seguir practicando la autodisciplina porque se le iba a confiar una misión por el bien del país. Francisco se retiró a la soledad de los campos, donde ayunó y entró en trance, mientras su padre y sus hermanos se rascaban la cabeza y pensaban que se había vuelto loco. Pero Madero estaba seguro de su misión y, para él, la entrevista de Díaz-Creelman fue como una epifanía.

«Una gran carga pesa sobre tus hombros», le dijo el espíritu de su hermano José a Francisco en junio de 1908, según los diarios conservados escritos por el propio Madero. «Has aceptado una misión trascendental. Este año se va a convertir en el fundamento de tu carrera política, ya que el libro que vas a escribir será el baremo con el que te juzgarán tus ciudadanos; será la medida que te delimitará en toda tu extensión, la que revelará a la Unión quién eres, cuáles son tus ideales, tus aspiraciones, tus aptitudes y tus medios de combate». En el año 1909, Madero finalmente publicó su evangelio, un libro llamado *La sucesión presidencial en 1910*. En sus páginas criticaba la concentración de poder en un solo hombre, el absolutismo y la falta de democracia. Criticó las consecuencias del despojo de la tierra y su concentración en manos de unos pocos, así como el alcoholismo de los campesinos, el analfabetismo y la represión de los inconformes. Sin embargo, Madero no se atrevió a criticar el sistema en sí. Su libro estableció la necesidad de un marco jurídico-político que garantizara la libertad de los ciudadanos y afirmó que el presidente debía respetar este marco. En este sentido, era un libro cauteloso y conservador, ya que no hablaba de revoluciones. Madero también se preocupó por no atacar a Díaz personalmente; solo se preguntaba qué pasaría después de su muerte, que todo el mundo esperaba, si no se abrían los caminos de la democracia.

«Querido hermano», le revelaron a Madero sus amados espíritus en la inscripción de su diario correspondiente al 27 de octubre de 1908, «no puedes imaginar el efecto que producirá tu libro en la República, sobre todo cuando se inicien los trabajos electorales en Coahuila y los lleven a la capital de la organización del partido democrático, que debe acelerarse al máximo, una vez iniciada la campaña electoral». Los espíritus no se equivocaron. El libro causó sensación entre la élite política e intelectual. El partido anti-reeleccionista de Madero lo nominó para presentarse a la presidencia en las elecciones de 1910 contra el general Porfirio Díaz, a quien le empezaba a disgustar esa pequeña molestia en el norte de México.

Llegó el 1910, el año de las elecciones. Madero hizo una verdadera campaña electoral por todo el país, tal vez la primera campaña de la historia de México. Visitó varias ciudades donde ya era conocido. Uno o dos lugares lo recibieron con frialdad, pero normalmente reunía multitudes. En Guadalajara y Monterrey, las ciudades más grandes de México después de la capital, más de 10.000 personas fueron a animarle, lo que era un número indignante, al menos para Díaz. Nadie había visto tales reuniones libres en apoyo de nadie más que el presidente. En la Ciudad de México, Madero reunió a 50.000 personas entusiasmadas con su propuesta de sufragio efectivo y no reelección.

La persecución contra Francisco comenzó a materializarse a través de cuestiones menores —una pequeña sanción en dinero y una investigación por un supuesto fraude que nunca cometió en la compra de ganado— y la marea hostil iba en aumento. Temiendo por su seguridad, el abuelo de Francisco le escribió una carta al presidente Díaz, pidiéndole que fuera indulgente con su nieto ya que tenía algo mal en la cabeza, porque Francisco creía que unos seres sobrenaturales lo estaban guiando. En esta cáustica carta, Evaristo Madero le dijo a Díaz: «Ningún otro como usted puede entender, mi distinguido amigo, por la experiencia que tiene y los largos años que ha vivido, que en una familia numerosa es común que algún miembro tenga ideas extravagantes.» Díaz no se acobardó porque lo tenía todo bajo control. Las esperadas elecciones se celebraron en junio. El día fue tenso y, si Madero había tenido esperanzas de lograr un cambio democrático, sus sueños se vieron aplastados cuando fue arrestado poco antes del día de las elecciones. Estaba aislado y nadie podía verlo, aunque cientos de sus seguidores vinieron a la prisión a protestar el día de su arresto. El 21 de agosto se anunció el triunfo abrumador de Porfirio Díaz, ya que había ganado las elecciones con un 98 por ciento de los votos. Según los resultados electorales, Madero solo había obtenido un 2 por ciento de los votos.

Con la certeza de que el avispero que se había agitado ya se había calmado, el presidente Díaz decidió liberar a Madero a instancias de su familia, que reiteró que él era el hijo raro y que nunca habían apoyado su incursión en la política. Francisco se subió a un tren hacia el norte, pero no se detuvo en su casa. Continuó hacia los Estados Unidos, donde tenía amigos. Se estableció en la ciudad de San Luis y, después de una profunda meditación, escribió un plan llamado el *Plan de San Luis de Potosí*, llamado así por la ciudad donde había estado encarcelado en una diminuta celda de prisión.

Según el plan, asumió la presidencia provisional de México y pidió al país que tomara las armas el 20 de noviembre, un domingo. Madero, un pacifista, declaró ilegales las elecciones de 1910, llamó a la violencia y convocó al pueblo a levantarse junto a él porque no veía otra salida. Fue un movimiento audaz, dado que no había habido una rebelión triunfante en México durante décadas. El Plan también exigía elecciones libres y democráticas, y Madero también mencionó el tema del despojo de tierras por parte de las haciendas, que tendría que ofrecer algún tipo de restitución. «Ha llegado el momento», había escrito en la cárcel.

El 20 de noviembre era también la Fiesta de Cristo Rey, el día que marca el final del calendario litúrgico católico y, por lo tanto, el final de un ciclo. Se trata de una fecha con connotaciones apocalípticas, aunque no se sabe si Madero eligió esa fecha con la metafísica en su mente. En una de las últimas comunicaciones que Madero tuvo con el espíritu de su hermano, se le dijo: «Tu destino es grande; tienes una misión muy importante que cumplir. Es necesario que en todos tus actos estés a la altura de la tarea. Una enorme responsabilidad pesa sobre ti. Has visto, gracias a la iluminación espiritual que recibes de nosotros, el abismo hacia el que se precipita tu país. Serás un cobarde si no lo impides. También has visto el camino que el país debe seguir para salvarse. Ay de ti si por tu debilidad, tu debilidad, tu falta de energía, si no lo guías con valentía por ese camino». Madero distribuyó el plan por correo, envió a la gente para acelerar la insurrección, nombró gobernadores provisionales de los estados y pidió al pueblo que atendiera su llamada. La suerte estaba echada.

Capítulo 4. La victoria llega demasiado pronto

«Nunca pasa nada en México hasta que pasa».

Porfirio Díaz

Llegó el 20 de noviembre de 1910. En un momento dado, Francisco había considerado la posibilidad de abandonarlo todo y embarcarse en un barco de vapor hacia Argentina, pero su espíritu, o quizás su voz interior, no le había fallado. El día señalado, hubo levantamientos en varias partes de México. Tal fue el impacto de los acontecimientos que, en un país donde todo se reprimía de manera efectiva y silenciosa, los periódicos de la capital hablaban de «los sediciosos» en la primera página, dos días después. Hubo enfrentamientos con las fuerzas federales y la destrucción de algunos puentes y líneas telegráficas aquí y allá. La prensa también publicó noticias falsas de que Madero había sido capturado, todo para dar alguna seguridad acerca de la estabilidad del gobierno para los ciudadanos, que se apresuraban a los puestos de revistas para comprar los periódicos. Una semana después, el *New York American* publicó un telegrama del general Díaz, que intentaba calmar las cosas. Decía que el pueblo mexicano amaba la paz y no aceptaría una revolución, que los extranjeros no tenían nada que temer y que solo había habido unos pocos disturbios en cuatro estados: Puebla, Durango, Chihuahua y Tamaulipas.

Pero Díaz había calculado muy mal. México estaba listo para una revolución. En los estados del norte, donde había una tradición de independencia y rechazo del gobierno central, y donde la gente tenía más fácil acceso a las armas a través de los Estados Unidos, se produjo un verdadero levantamiento popular. La rebelión de Chihuahua fue la primera en inquietar seriamente al viejo dictador. Uno de los líderes rebeldes era un ex bandido que se había cambiado el nombre y ahora se llamaba «Pancho Villa». Más tarde dijo que se había cambiado el nombre porque mató a un soldado federal que había violado a su hermana.

Al mismo tiempo, Emiliano Zapata se levantó en el sur. Era similar en muchos aspectos y, sin embargo, también diferente a Villa. Zapata, un campesino alto, bronceado y apuesto, con ojos profundos y una expresión severa, reunió un ejército rural de las plantaciones y pueblos del sur de México, tomó las tierras de las haciendas y comenzó a distribuirlas entre los campesinos de Anenecuilco, su ciudad natal. Mientras tanto, Francisco Madero permanecía en los Estados Unidos, siguiendo la noticia con entusiasmo. Intentó cruzar a México para liderar la rebelión, pero tras un desastroso episodio en el que él mismo intentó llevar a algunos rebeldes a la batalla, volvió a los Estados Unidos para esperar a que apareciera una ocasión mejor.

«Ahora podemos ejercer una gran influencia sobre él», le dictaron los espíritus a Francisco, refiriéndose al presidente Díaz, «porque ya no tiene su antiguo vigor y su energía ha disminuido considerablemente, mientras que las poderosas pasiones que lo movían han disminuido con los años». Pero los revolucionarios del norte de México no se interesaban por las realidades metafísicas, sino solo por las terrenales. Los ejércitos populares estaban formados por trabajadores que no podían encontrar empleo en las minas, campesinos sin tierra, obreros cansados del maltrato en las haciendas, pequeños propietarios de granjas amenazados por grandes terratenientes y vaqueros hostiles que habían perdido su libertad de movimiento. En el año 1911, los rebeldes atacaron la estratégica Ciudad Juárez en la frontera con los Estados Unidos, justo en el lugar donde el río Grande gira hacia el norte. Al otro lado del río estaba la ciudad de El Paso de Texas.

Las fuerzas revolucionarias contaban con 3.500 hombres, mientras que los defensores del gobierno eran solo unos 675 soldados aturdidos que nunca esperaban un levantamiento de semejante magnitud. Madero mostró su personalidad bondadosa y pacifista por primera vez en Ciudad Juárez. Envió una carta al general, en la que le invitaba a suspender las hostilidades para no tener problemas con los Estados Unidos. El general aceptó, pero las tropas revolucionarias bajo el mando de Pancho Villa y Pascual Orozco continuaron el ataque.

Existen fotografías de americanos mientras observaban la Toma de Ciudad Juárez desde El Paso. Algunos están subidos a vagones de tren con prismáticos. Una postal que muestra a una docena de hombres de negocios como espectadores viendo la Toma de Ciudad Juárez dice: «En el jardín de la azotea del Hotel Paso del Norte, el único hotel del mundo que ofrece a sus huéspedes un lugar seguro y cómodo para ver la Revolución mexicana». Sin embargo, el espectáculo gratuito no era tan seguro como la postal presumía. Algunas balas perdidas volaron al otro país y los Estados Unidos se quejaron a las autoridades mexicanas de que había algunos ciudadanos heridos.

Las tropas revolucionarias acorralaron al ejército federal en el centro de Juárez y finalmente tomaron la famosa ciudad. Villa y Orozco fueron tras los líderes enemigos que habían sido capturados para dispararles, pero Francisco Madero, el revolucionario compasivo, intervino. Antes de que Villa llegara a los prisioneros, Madero ayudó al general Juan Navarro y a sus oficiales a escapar a los Estados Unidos para salvar sus vidas. Los llevó a la frontera en su propio carro y cruzó el río Grande. El incidente provocó un amargo desacuerdo entre los líderes rebeldes y el padre intelectual de la revolución, pero las tropas eran leales a Madero, y Villa y Orozco cesaron por el momento. El incidente fue, sin embargo, un anticipo de los dilemas que Madero estaba a punto de afrontar.

El *Ypiranga*

La prensa era leal al gobierno y describía a los revolucionarios como bandidos peligrosos e informaba que la situación estaba bajo control, pero Díaz sabía más. El país estaba en llamas, de norte a sur.

En el otro extremo del país, 12.000 campesinos se unieron a Zapata, quien se apoderó de las haciendas, distribuyó la tierra entre sus campesinos y rechazó los sobornos habituales. «Revisa los títulos coloniales y toma lo que le pertenece legítimamente al pueblo». Su alcance era muy local. Cuando las autoridades le preguntaron si era un aliado de Madero (es decir, si se había unido a la revolución) simplemente contestó que les estaba devolviendo la tierra a sus legítimos dueños, a las comunidades ancestrales de México. Zapata capturó su primera ciudad importante, Cuautla, después de un largo asedio que terminó cuando sus hombres vertieron gasolina en el acueducto de la ciudad, creando así una cortina de fuego que atravesó el pueblo.

El presidente Díaz envió a sus amigos a negociar con los rebeldes y, al mismo tiempo, envió al Congreso un proyecto de ley que prohibía la reelección. También hizo cambios en el Gabinete y amplió el presupuesto militar para dominar la rebelión. El «hombre fuerte de las Américas» solo se dio por vencido cuando el presidente de los Estados Unidos, William H. Taft, desplegó 20.000 soldados en la frontera y envió varios barcos de la marina a los puertos mexicanos más importantes. Es posible que, en este momento, Madero tuviera el apoyo de los Estados Unidos y Taft ya no considerara a Díaz como alguien que pudiera garantizar los intereses de su nación. El ministro más importante de Díaz, el ministro de

Hacienda José Yves Limantour, habló francamente con Díaz: «Si la guerra interna continúa, los Estados Unidos van a intervenir». Ese día, el anciano comprendió que sus días en el Palacio Nacional habían terminado.

Durante la noche del 21 de mayo de 1911, bajo la luz de los faros de un automóvil, se firmó el Tratado de Ciudad Juárez frente a la aduana cerrada, en virtud del cual Díaz y el vicepresidente renunciarían a sus cargos. El secretario de Relaciones Exteriores, Francisco León de la Barra asumiría la presidencia provisional, convocaría elecciones y los revolucionarios cesarían las hostilidades. El 25 de mayo, el dictador dimitió ante el Congreso. En su discurso de despedida, dijo que el pueblo le había colmado de honores, que un grupo de «bandas milenarias» se había rebelado contra él, que no conocía ninguna razón atribuible a él que motivara ese acontecimiento social y que dimitía para evitar más derramamiento de sangre. En su estilo grandilocuente, afirmaba: «Espero, señores, que una vez que las pasiones se hayan calmado, una evaluación más completa dará lugar a un juicio correcto que me permitirá morir llevando, en el fondo de mi alma, una justa correlación con el afecto que he dado a mis compatriotas toda mi vida». Al terminar el discurso, los diputados aplaudieron con fuerza y vitorearon al general Díaz. Al día siguiente, Francisco León de la Barra, uno de los hombres de confianza de Díaz, asumió el cargo. No fue una transición muy revolucionaria, pero Madero había logrado lo que quería.

Diez días después del Tratado de Ciudad Juárez, Díaz dio un último paseo por la ciudad de Veracruz, situada en la costa del golfo, y se embarcó en el *Ypiranga*, un barco de pasajeros y carga con matrícula alemana, que lo llevaría a España. Escoltado por el comandante militar del puerto y de pie junto a su esposa, Díaz recibió una ovación en su paseo hacia el barco, mientras una docena de jóvenes guapas arrojaban ramos de rosas ante el ahora retirado presidente. Algunas de ellas se adelantaron para presentar las flores personalmente. La flor y nata de la sociedad subió a los camarotes de Díaz para despedirse de la familia y una banda tocó el himno nacional mexicano. Un general de mediana edad de pelo blanco y bigote gris llamado Victoriano Huerta abrazó calurosamente a Díaz y le dijo que siempre podía contar con el ejército. Las últimas palabras de Díaz a los que quedaban en el muelle fueron: «Moriré en México».

Inconsciente de estas demostraciones de lealtad a Don Porfirio, Madero viajó al sur para hacer su trascendental entrada en la capital como líder de la revolución triunfante. En la mañana del 7 de junio de 1911, día previsto para recibir a Madero, se produjo un terremoto en la Ciudad de México, en el que perdieron la vida más de cincuenta personas. Unas horas más tarde, se produjo otro terremoto, esta vez de carácter civil, ya que, en medio de una extraordinaria alegría popular, que no se había visto en mucho tiempo, Madero entró en la Ciudad de México. Fue recibido como un héroe. Geológica y políticamente, la capital de la república fue sacudida hasta sus cimientos.

En su deseo por ver al hombre que había dirigido el movimiento de mayor alcance para cambiar las condiciones políticas de México, la gente se reunió en multitudes a lo largo del ferrocarril, desde los suburbios hasta la estación colonial del ferrocarril nacional. Llenaron el enorme cobertizo del tren, los patios y ambos lados de las calles que conducen de la estación al palacio nacional, a una distancia de más de una milla. Fue con gran dificultad que las filas de soldados pudieron preservar un carril por el amplio Paseo de la Reforma para el paso de los automóviles que llevaban a los invitados. Desde que Madero dejó el patio de la estación de trenes para entrar en el vagón de espera, no hubo un momento que no estuviera marcado por los vítores. El sueño de Francisco se había cumplido: había derrocado a Díaz y organizado nuevas elecciones en las que él sería el candidato presidencial. Naturalmente.

Se había producido una «revolución perfecta», eficiente y sin apenas derramamiento de sangre. No había pasado más de medio año desde el 20 de noviembre. Si los fantasmas le dijeron algo a Francisco durante esos días, no lo sabemos porque no dejó ningún registro. Pero su rival, Díaz, que tenía mucha más experiencia en lo que se refiere a los mexicanos, se había ido con una advertencia para el revolucionario compasivo: «Madero ha desatado un tigre. Ahora veamos si puede controlarlo».

El presidente Madero

El 25 de mayo de 1911, un individuo de buenos modales y con la apariencia de un aristócrata llamado Francisco León de la Barra, que había servido como secretario de asuntos exteriores en los últimos años del Porfiriato, asumió el cargo de presidente provisional. Uno de sus grandes logros como ministro de asuntos exteriores había sido la organización de la primera reunión binacional entre los presidentes de México y los Estados Unidos, Porfirio Díaz y William Taft, en la ciudad de El Paso. La cumbre casi había terminado en tragedia, ya que la policía detuvo a un hombre con un arma que se acercaba al podio. Fue atrapado a unos pocos pasos de ambos presidentes y quién sabe cómo se hubiera desarrollado la historia si hubiera logrado matar a ambos jefes del estado. Por suerte para el ministro de Asuntos Exteriores León de la Barra, la reunión terminó sin incidentes.

A lo largo de su historia, el Ministerio de Asuntos Exteriores ha sido uno de los organismos más importantes de México y el responsable del cargo tenía que hacer equilibrios entre las grandes potencias del mundo y tratar con su poderoso vecino, los Estados Unidos. Que Díaz eligiera a su canciller como su sucesor dice mucho de lo que el viejo soldado consideraba como el asunto más importante de México en la década de 1910: la política exterior. Frente a un país inestable, las potencias extranjeras acechaban como aves de rapiña los recursos naturales de México.

De la Barra, miembro de una de las familias más ricas del país, tenía una larga trayectoria diplomática, aunque no tenía experiencia política. Había conocido a la reina Isabel II de España, llamada *la mujer del triste destino*, y representó a México en el cuarto centenario del descubrimiento de las Américas. En su inauguración, de la Barra pronunció un breve discurso. Afirmó que su principal objetivo era restablecer la paz, que bajo ninguna circunstancia aceptaría ser candidato a la presidencia en las nuevas elecciones que él supervisaría y que garantizaría la imparcialidad del proceso democrático. Francisco Madero lo felicitó por su cargo y el nuevo presidente, a su vez, felicitó al líder de la revolución por «su actitud patriótica y digna» en la creación de una nueva era de paz y progreso. De la Barra también mencionó que las tropas revolucionarias tendrían que entregar sus armas y desmovilizarse. Madero comenzó a transmitir mensajes a sus tropas de que debían presentarse en los puntos acordados y entregar sus pistolas, rifles y machetes, puesto que el ejército federal era la única fuerza legítima en México. En el sur y el norte de México, Zapata y Villa debieron de quitarse los sombreros para rascarse las cabezas despeinadas. Es posible que Villa se riera, ya que sabía que no lo haría. Zapata debió de fruncir el ceño. ¿Acaso fue esto una revolución?

Como candidato a la presidencia de cuatro partidos políticos, Madero presentó como su programa el principio de «no reelección» y prometió llevar a cabo reformas para regular el sistema de partidos políticos y las elecciones, reformar el sistema judicial, fortalecer las pequeñas propiedades rurales, establecer impuestos equitativos, abolir la pena de muerte, respetar la libertad de prensa, promover la educación pública, mantener la separación de la iglesia y el estado, y desplegar una política conciliadora para reconstruir la economía del país. No está mal, pero para los campesinos revolucionarios en armas, los trabajadores desempleados y las familias empobrecidas, era como aplicar pintura nueva a una casa en ruinas. Por otro lado, el programa de Madero no era algo que perturbara a la clase dirigente; en realidad, estas eran las reformas que muchos de ellos esperaban desde hace años. Además, para satisfacción de la clase alta, Francisco, que detestaba la violencia y el baño de sangre, presionaba a sus antiguos aliados para que desarmaran lo antes posible a los mismos hombres que lo habían llevado al más alto cargo de la nación. Y estos hombres no estaban satisfechos.

Cuando se celebraron las elecciones, solo había un nombre en la mente del país: Madero. Francisco ganó la presidencia con un 99,26 por ciento de los votos. Para los mexicanos, el hombre bajo, de expresión amable y perilla era el David que se había enfrentado a Goliat y luego lo había derrotado. Fue una hazaña impensable. La entrega del poder se realizó en el Salón de Embajadores ante los representantes diplomáticos de las naciones con las que México tenía relaciones. Estuvieron presentes, entre otros, los ministros de Alemania, Bélgica, China, Noruega, Austria, Hungría, Chile, Japón, Brasil, Gran Bretaña, España y Estados Unidos. El embajador de los Estados Unidos, Henry Lane Wilson, habló con el presidente en nombre del cuerpo diplomático. Un día antes de la ceremonia, Madero prometió al corresponsal americano de *New York World* que en tres meses habría paz completa en el país. Luego salió a saludar a la gente en la explanada. Con Madero en el poder y Díaz al otro lado del Atlántico, que pasaba sus últimos años como turista, la revolución había llegado a su fin sin problemas. Los miembros del gabinete se abrazaron y se felicitaron entre ellos. Hubo abrazos, música patriótica y cantos de «¡Viva!» Pocos imaginaron que la tormenta apenas había comenzado.

Capítulo 5. El malvado embajador

«Cuando Madero llamó mi atención por primera vez, se dedicaba al negocio de dar discursos ardientes, por lo general de muy poco mérito intelectual, ante públicos en lugares remotos de México».

Henry Lane Wilson, embajador de los Estados Unidos en México

La luna de miel entre Madero y los mexicanos no duró. Desde el principio, hubo muchos fuegos que apagar y pocas manos para hacerlo. Pascual Orozco, uno de los rebeldes del norte que había respondido a su llamada del Plan de San Luis, se rebeló en Chihuahua. A pesar del hecho de que Orozco era uno de sus antiguos partidarios, Madero, no tuvo más remedio que enviar al ejército a luchar contra él. Mientras tanto, la prensa se burlaba de él. Conscientes de su afición por el espiritismo, los periódicos llamaban al presidente «el loco que se comunica con los muertos». Esta burla, sin embargo, era el resultado de la libertad de prensa que él mismo había establecido. En el sur, Emiliano Zapata y sus campesinos estaban desesperados, porque veían con qué lentitud se acercaba el único cambio que les interesaba. Este cambio no era la libertad de prensa, la democracia, la paz, o la separación de la iglesia y el estado; todo esto era una preocupación de los intelectuales. Su credo y su fe era la recuperación de las tierras comunales: «Tierra y Libertad».

Madero insistió en que tenía que observar los procedimientos legales y cuando Zapata finalmente conoció a Madero en la Ciudad de México, sufrió una gran decepción.

El presidente Madero había oído rumores de que el ejército de Zapata estaba formado por «bárbaros», pero también había expresado su sincero agradecimiento por la contribución del líder sureño al triunfo de la revolución. Madero lo recibió en su casa de la Ciudad de México y cuando le preguntó sobre el número de tropas bajo su mando, el cortés y nervioso presidente le dijo a Zapata que ya no necesitaría de sus servicios y que los campesinos debían entregar sus armas ya que la revolución había triunfado. Zapata ardía de indignación. Tratando de mantener la calma, dijo que no confiaba en el viejo ejército federal porfiriano, que seguía en pie e intacto, y advirtió al presidente que no se rendiría hasta que devolviera las tierras a los campesinos.

«No, general», respondió Madero. «El tiempo de las armas ha pasado; ahora la lucha va a tener lugar de una forma diferente. La Revolución necesita garantizar el orden y respetar la propiedad». Zapata, hosco y no dado a la diplomacia, se levantó sin soltar el fusil que llevaba, que, según testigos, mantuvo junto a su cuerpo incluso durante la comida. Zapata asintió con la cabeza al reloj de cadena de oro que llevaba Madero y le preguntó: «Mire, señor Madero: si yo, aprovechando que llevo un arma, tomo su reloj de oro y me lo guardo para mí y, al cabo de un tiempo, nos encontramos, armados y con igual fuerza, ¿tendría usted derecho a exigirme que se lo devolviera?» Madero parecía sorprendido por la pregunta. «Por supuesto, general, e incluso tendría el derecho de pedirle una compensación por el tiempo malgastado», dijo. Zapata dio un paso adelante. «Eso es exactamente lo que nos pasó en el estado de Morelos. Unos cuantos hacendados se apoderaron de las tierras de las comunidades. Mis soldados, los campesinos armados y el pueblo me enviaron a decirle, con todo respeto, que la restitución de sus tierras debe hacerse de inmediato».

Francisco estaba preocupado porque sabía que la ira de Orozco y Zapata era justa, pero primero había prometido restaurar la paz. Las rebeliones en el norte y en el sur contribuyeron a la erosión de la autoridad presidencial, pero la mayor amenaza de Madero era un individuo siniestro que actuaba como abogado de las grandes compañías petroleras y, por cierto, era el embajador de los Estados Unidos, Henry Lane Wilson. Wilson parecía un vaquero. Era alto, delgado y llevaba un corte de pelo anticuado, con la raya en el medio. Tenía un enorme poder porque era el único embajador en México —los otros países solo tenían «representantes» o enviados— y por eso tenía una gran influencia en el cuerpo diplomático. Sin embargo, su mayor influencia era que podía decidir cuándo los Estados Unidos debían intervenir militarmente en México. Por recomendación suya, el Ejército y la Marina de los Estados Unidos podían movilizarse inmediatamente. O al menos de eso se jactaba.

Wilson nunca ocultó su desagrado por Madero y su anhelo por el viejo régimen. En una ocasión, Wilson se refirió a la «sabiduría, sobriedad y patriotismo» de Porfirio Díaz después de su muerte. Wilson veía a México como un país en caos y creía que Madero había abierto la caja de Pandora y era incapaz de controlarla. Cuando el embajador Wilson se enteró de que Pancho Villa había atacado propiedades americanas en el norte de México, amenazó a Madero con la intervención de los Estados Unidos. Madero respondió indignado que esto sería una declaración de guerra, pero el embajador no pestañeó. Madero envió al general Victoriano Huerta para controlar a Villa. Huerta, el viejo general que había abrazado a Díaz a bordo del barco de vapor *Ypiranga* y le había prometido la lealtad del ejército, odiaba a Villa. En cuanto lo tuvo entre sus manos, aprovechó la primera ocasión para detenerlo y hacer que lo fusilaran. Villa fue enviado con los ojos vendados contra un muro de adobe y oyó el sonido de los cañones que le apuntaban. En el último momento, sin embargo, la familia de Madero intervino. Convencieron a Huerta para que lo enviara a la cárcel de la Ciudad de México. Ahora, Madero estaba en desacuerdo con los que habían sido sus mayores partidarios, con el embajador de los Estados Unidos, con sus propios generales y con la prensa, que continuaba atacándole ferozmente. Con las huelgas, las rebeliones, las protestas campesinas y la anarquía que todo el mundo creía ver, los observadores se hacían cada vez conscientes de que Madero no podía garantizar la estabilidad. Wilson, que representaba los intereses de los Estados Unidos, se volvió loco cuando Madero ordenó que todos los empleados del ferrocarril que trabajaban para los americanos debían hablar español. El embajador protestó tan vehementemente que obligó a Madero a revocar la orden.

Lo peor era que la presencia de Madero ya no despertaba el mismo entusiasmo entre la clase media porque pensaban que estaba siendo débil con Zapata, enfermizo con Villa, vacilante con los demás rebeldes y no les hacía callar con una bala —como lo hubiese hecho Díaz— sino que negociaba con ellos. La prensa lo llamó «el Madero enano» e imprimió crueles caricaturas que se burlaban de su baja estatura y sugerían su masculinidad diminuta. Finalmente, en octubre de 1912, Félix Díaz se rebeló en Veracruz. Félix tenía un nombre familiar para los oídos del pueblo: era el sobrino del presidente Porfirio Díaz. La aristocracia mexicana, con el Embajador Wilson al frente de la ovación, aplaudió la noticia, pensando que el viejo orden iba a ser restaurado. Era, después de todo, de la misma sangre que don Porfirio y también un militar. Wilson estaba satisfecho con lo que veía como un inminente cambio de poder favorable a los Estados Unidos.

Pero el embajador había calculado mal. Félix Díaz fue derrotado y sentenciado a muerte. Una vez más, el humanista Madero cambió la pena de muerte por la cadena perpetua. Con esta orden, sellaba su suerte. Esta vez, las fuerzas más implacables y despiadadas que las que había vencido en 1910 estaban a punto de engullirlo por completo.

La Decena Trágica

La violenta reacción se produjo en febrero de 1913. En el norte, los extranjeros, dueños de concesiones financiaban a los rebeldes como Pascual Orozco y el ejército federal estaba resentido. Madero no creía todavía que sus generales pudieran conspirar contra él, pero en la madrugada del 9 de febrero de 1913 comenzó uno de los más brutales y deplorables incidentes de la Revolución mexicana y de la historia de México, un episodio conocido como la Decena Trágica, cuando el centro de la Ciudad de México se convirtió en un campo de batalla.

Todo comenzó cuando los generales descontentos se rebelaron, liberaron al general Félix Díaz de la prisión y organizaron un golpe para derrocar a Madero. Los sublevados marcharon al Palacio Nacional, la sede del poder presidencial en México —la equivalente a la Casa Blanca en los Estados Unidos— y tomaron el edificio. Madero estaba durmiendo en el Castillo de Chapultepec, a una milla de la capital. Despertaron al presidente temprano por la mañana para informarle que había una revuelta en la Ciudad de México. Francisco sabía que tenía que aparecer en la capital para demostrar que la situación estaba bajo control, pero tenía pocas tropas a su disposición. El colegio militar estaba en el castillo, así que llamó a los jóvenes estudiantes para que lo escoltaran por el Paseo de la Reforma hasta la plaza principal.

Escoltado por 300 cadetes, vestidos con sus uniformes de gala, varios miembros del gabinete y algunos amigos, Madero tomó el camino del castillo hacia el Palacio Nacional. Cabalgó por el Paseo de la Reforma con una bandera mexicana, entre los aplausos de la asombrada gente que lo vio. Más gente se unió a la muchedumbre, aunque en algún momento tuvieron que detenerse debido a las balas que les alcanzaron, cuyo origen sigue siendo desconocido. Ese momento es recordado en México cada 9 de febrero como la Marcha de la Lealtad. Una serie de fotografías tomadas ese día por Gerónimo Hernández, que corría junto al presidente, lo muestra en un majestuoso caballo, ondeando la bandera de México mientras se dirigía a la plaza principal. Francisco sonríe, saludando a la gente con su sombrero. Le siguen grupos de personas que cambian con cada fotografía. Además de sus ministros, vestidos con trajes oscuros, corbatas y sombreros, hay campesinos, hombres en monos, jóvenes con tirantes, ropa de trabajo y boinas anticuadas. En varias fotos, un chico anónimo camina delante del caballo, girando la cabeza para mirar a Madero. En una de las estrechas calles del centro de la ciudad, un hombre despeinado saluda al presidente con una boina que ya ha visto sus mejores días. Francisco sigue saludando con su sombrero.

Madero durante la Marcha de la Lealtad. Foto de Gerónimo Hernández 1913. Fondo Casasola, INAH, México
AlejandroLinaresGarcia, CC BY-SA 4.0 <https://creativecommons.org/licenses/by-sa/4.0>, via Wikimedia Commons https://commons.wikimedia.org/wiki/File:MaderoArrivesDecenaTragica.JPG

Momentos antes, un general leal había recuperado el Palacio Nacional, pero detrás de ellos venía otro contingente más grande liderado por el general rebelde Bernardo Reyes. Ambas fuerzas se enfrentaron en la plaza principal. El general pro-Madero Lauro Villar Ochoa le exigió tres veces a

Reyes que se rindiera. La población civil miraba la escena con incredulidad, pensando que estarían a salvo. Reyes lanzó su caballo contra Villar para aplastarlo y, en ese momento, comenzó la lucha con ametralladoras. Bernardo Reyes cayó, herido, y lo mismo hicieron muchos de los civiles que estaban mirando. Los rebeldes escaparon a una fortaleza y depósito de armas conocida como La Ciudadela, lo que agravó la situación en lugar de mejorarla, ya que allí se almacenaban 27 cañones, 8.500 rifles, 100 ametralladoras, 5.000 obuses y veinte millones de cartuchos que ahora estaban a su disposición. La Ciudad de México estaba a punto de convertirse en un campo de batalla. Cuando Madero llegó con su contingente al Palacio Nacional, vio docenas de cadáveres. Muchos de ellos eran personas que habían ido a la misa matutina.

Siguieron diez días de lucha. La edición especial del periódico de esa tarde describía la ciudad como un «río de sangre». Solo el primer día, más de 800 personas fueron asesinadas, la mayoría civiles. En el cuartel general de la sede presidencial, Madero puso a Victoriano Huerta a cargo de la defensa. El hermano de Madero le advirtió que Huerta lo iba a traicionar. Francisco citó a Huerta y lo interrogó. Después de ver lo que creía que era lealtad en sus ojos, Francisco ratificó a Huerta como defensor de la ciudad. El 11 de febrero, Huerta atacó la Ciudadela, donde se escondían los rebeldes. Pero Huerta puso a sus propios hombres directamente en la línea de fuego de las ametralladoras, y las calles estaban llenas de cadáveres. No fue un error o simplemente un desacierto por parte de Huerta; había tomado esta decisión a propósito. El general de pelo blanco, que había abrazado a Porfirio Díaz en el barco de vapor y se había reunido con su sobrino Félix, se había aliado en secreto con los golpistas. Juntos, habían acordado deshacerse de Madero. Mientras los conspiradores destruían la ciudad con granadas para crear un efecto terrorífico y provocar la alarma internacional, Huerta envió a sus propias tropas a suicidarse sin saberlo en zonas previamente establecidas con Félix

Díaz. Nadie en el Palacio Nacional entendió por qué los sitiados resistieron, sobre todo porque los refuerzos habían llegado a la ciudad.

Todas las casas se convirtieron en fortalezas. Las mujeres corrían de un lado a otro de la calle para buscar comida, con sábanas blancas como banderas de tregua mientras zigzagueaban entre montones de cadáveres. El automóvil de la embajada de los Estados Unidos pasaba a toda prisa con una bandera americana, tratando de evitar las balas. Muchos fotógrafos arriesgaron sus vidas para poder capturar los acontecimientos, pero gracias a ellos, podemos ver exactamente lo que pasó en el corazón de la ciudad. Cientos de fotos documentan el nivel de destrucción en la capital: familias amontonadas en el cuarto más seguro de la casa esperando el bombardeo, montañas de cadáveres incinerados en los campos de Balbuena para evitar una epidemia y mujeres ofreciendo a los soldados un trago de agua desde sus ventanas.

Mientras tanto, un amigo de los conspiradores se reunía con el cuerpo diplomático alarmado: el embajador de los Estados Unidos, Henry Lane Wilson. Al principio de la Decena Trágica, Wilson había visitado a Madero para protestar contra el salvajismo de la guerra y le amenazó con una intervención militar para proteger a los residentes extranjeros. Como autoproclamado lider del cuerpo diplomático, Henry Lane Wilson les dijo a los diplomáticos extranjeros que debían pedir la dimisión de Madero, una acción que estaba claramente fuera de lugar.

El sexto día, el embajador se reunió con el secretario de relaciones exteriores, Pedro Lascuráin y le dijo que tenía el poder de desplegar de 3.000 a 4.000 soldados estadounidenses en México si no se restablecía el orden y que la única manera de restablecer la ley era si Madero renunciaba. De esa reunión, volvió al cuerpo diplomático para informar de su conversación con Lascuráin, aunque admitió que, con respecto a las tropas estadounidenses, había estado presumiendo. Envió inmediatamente al ministro de España a pedirle a Madero su dimisión.

Indignado, Francisco gritó que no tenían derecho a pedirle tal cosa y lo echó.

El siguiente paso para el embajador de los Estados Unidos fue tratar de convencer al Senado —donde Porfirio Díaz todavía tenía partidarios y amigos— de que pidiera la dimisión de Madero. Un grupo de ellos aceptó ir a hablar con el presidente, mientras Wilson envió telegramas a los Estados Unidos hablando en contra de Madero y a favor de los rebeldes en la Ciudadela. Tenía prisa. Al presidente Taft le quedaba menos de un mes en el cargo y había un presidente electo, Thomas Woodrow Wilson, que simpatizaba con Madero. Fue una conspiración bien orquestada, con folletos contra el presidente impresos en el sótano de la embajada de los Estados Unidos. A medida que pasaban los días, Henry Lane Wilson invitó a Victoriano Huerta y Félix Díaz a la embajada para decidir quién sería el nuevo presidente. Incluso nombraron un gabinete.

Durante la última noche, Huerta invitó a Gustavo Madero, al hermano de Francisco, a cenar con él. Después de cenar, lo llevó a la Ciudadela, donde los insurrectos lincharon a Gustavo, le arrancaron el ojo de cristal con la punta de sus bayonetas y empezaron a jugar con él, lanzándolo como si fuera una pelota. Luego lo mutilaron. Francisco y el vicepresidente fueron arrestados por un general leal a Huerta y luego encerrados en una habitación del Palacio Nacional. Huerta le preguntó a Henry Lane Wilson qué debía hacer con Madero. «¡Usted decide y espero que lo envíe a un manicomio!», fue su respuesta. Así que Huerta supuso que tenía el visto bueno de los Estados Unidos para hacer lo que quisiera con el presidente. Los padres de Francisco, sus hermanas y su esposa Sara solicitaron asilo en la embajada japonesa. El enviado cubano, temiendo por las vidas del presidente y del vicepresidente, les ofreció asilo político, pero Huerta tenía otros planes. La esposa de Francisco, Sara, se aventuró a salir de la embajada japonesa para rogar al embajador Wilson que intercediera por su marido. Wilson, desde su arrogante altura, respondió lacónicamente que había advertido a Francisco que esto sucedería y que su marido simplemente estaba pagando las consecuencias de su pésimo gobierno.

A las diez de la noche del 22 de febrero, mientras Madero intentaba dormir, pero en cambio yacía en la cama, acurrucado y llorando porque su madre le había informado que su hermano Gustavo había sido brutalmente torturado y asesinado, se abrió su puerta. Un grupo de soldados entraron e informaron al presidente y al vicepresidente que serían trasladados a una prisión mientras se organizaba su traslado a Cuba. Cuando se acercaron a la prisión, el automóvil que transportaba a Madero siguió su camino y se dirigió a las llanuras que estaban detrás del edificio. El automóvil se detuvo y los hombres ordenaron a Francisco que saliera del vehículo. Hubo un destello de fuego en la nuca. Bajo el cielo estrellado, «Maderito», como le llamaba su amigo Pancho Villa, cayó muerto sobre la hierba. Un charco de sangre caliente se formó bajo su cabeza herida.

Capítulo 6. Victoriano Huerta

«La gente honesta y decente no se me acerca, así que tengo que gobernar con los sinvergüenzas».

Victoriano Huerta

Pancho Villa se enteró del asesinato de Madero mientras estaba en Texas. Poco antes de la Decena Trágica, se había escapado de la prisión de México D.F. disfrazado de abogado. Tomó el tren hacia el norte para refugiarse en El Paso, donde se alojó en un hotel con su verdadero nombre, Doroteo Arango. Tenía palomas mensajeras en su habitación para comunicarse con sus aliados en Chihuahua, al norte de México. Había regresado a la vida civil, recorriendo las calles de El Paso en su motocicleta y, por las tardes, se sentaba en un bar donde hablaba con el resto de los mexicanos exiliados. A veces visitaba la Confitería Élite, una tienda donde compraba helados y refrescos de fresa. Era un mexicano anónimo en Texas por el momento, pero los últimos acontecimientos, el asesinato de su amigo «Maderito», a quien había amado y respetado, despertó su furia.

En la Ciudad de México, el embajador Wilson y Victoriano Huerta —sobre quien lo mejor que se podía susurrar a sus espaldas era que era un borracho— trataron de dar al golpe de estado una apariencia legal. Antes de asesinar a Madero, le obligaron a firmar su dimisión, prometiendo al mismo tiempo respetar su vida, su familia y enviarlos al exilio en Cuba. El poder presidencial pasó, por ley, al secretario de relaciones exteriores, Pedro Lascuráin. Como presidente de México, Lascuráin consiguió un banal récord mundial Guinness, que es lo único por lo que se le recuerda ahora: tuvo la presidencia más corta de la que se tiene constancia, entre 15 y 45 minutos, dependiendo de la fuente. Fue un síntoma de los tiempos. En su breve mandato como presidente, todo lo que hizo fue nombrar a Victoriano Huerta como secretario de interior y luego dimitir. Así, automáticamente, Huerta, el general de bigote gris, abrigo lleno de medallas y el eterno ceño fruncido, se convirtió en el nuevo hombre fuerte. En la Catedral Metropolitana de la Ciudad de México, el obispo ofreció un *Te Deum* (un breve servicio religioso de agradecimiento) y los acomodados respiraron aliviados.

La gente humilde fue el lunes por la mañana al lugar donde había caído el cuerpo de Madero para colocar piedras y hacer pequeños montículos, una costumbre mexicana. Otros trajeron ramas y flores. Cuando el ataúd con el cadáver salió de la prisión, la multitud estalló en «gritos salvajes», según un periódico de la época que no tuvo reparos en llamarlos «gente de la clase social más baja» y declarar que merecían ser castigados por tal escándalo. Desde allí, el cuerpo de Francisco fue trasladado al cementerio de La Piedad. Más de 2.000 personas siguieron el ataúd, gritando consignas o llorando abiertamente. La policía tuvo que dispersar a la multitud. Al acercarse la Pascua de 1913, la gente comenzó a murmurar que Madero iba a resucitar. Su tumba parecía un jardín porque la gente seguía colocando flores y plantas sobre ella. Como otro rey lo había hecho diecinueve siglos antes con otra tumba, Huerta ordenó que se pusieran guardias en la tumba porque temía que el cadáver fuera robado el domingo de Pascua y que los supersticiosos arrastraran a la gente tras ellos.

Gracias a los guardias, la Semana Santa pasó sin incidentes en la Ciudad de México. Pero si Huerta esperaba que el hecho de tener a Madero a dos metros bajo tierra acabara con sus problemas, estaba muy equivocado.

El astrónomo

En su juventud, Victoriano Huerta fue uno de los mejores matemáticos y astrónomos de México. De una familia muy pobre de origen indígena, el joven José Victoriano había entrado en el prestigioso Colegio Militar Heroico por recomendación del presidente Benito Juárez, un héroe nacional. Allí, Huerta demostró ser uno de los mejores estudiantes. A la cabeza de varias expediciones cartográficas, trazó mapas de la parte sur del país y estuvo a punto de ir a una expedición a Japón para observar el tránsito de Venus en 1874. Como joven cadete, Huerta perdió la oportunidad de estudiar ciencias militares en Alemania porque prefirió quedarse en casa para cuidar de su madre enferma. En lugar de encontrarse con el Káiser, fue a luchar contra otros nativos americanos como él en Yucatán, donde la guerra de Castas maya estaba arrasando la península. La vida militar en México lo había endurecido. Huerta tenía fama de haber cometido masacres contra los nativos americanos, era temido por su crueldad, pero reconocido por su dedicación y lealtad a sus superiores (que habían convencido a Madero de que se podía confiar en él), y era un bebedor empedernido. Sus adversarios hacían bromas sobre su constante borrachera. Para cuando se convirtió en presidente, su vicio había alcanzado niveles alarmantes.

Algunos veían en Huerta a una persona dura y cruel, pero otros veían a un hombre fuerte, una réplica de Don Porfirio. Para esas personas, Huerta era alguien que podía garantizar la paz en un país que se estaba desmoronando como una casa en llamas y rompiendo la confianza internacional en México, con la consiguiente caída de los precios de las acciones de las grandes empresas. Por otro lado, con un presidente como

Victoriano Huerta, se podía descartar la promesa de un cambio real. La pobreza de las clases trabajadoras, el despojo de tierras, la semiesclavitud en las haciendas y el hambre de la mayoría de la población del país seguían siendo realidades dolorosas. Por ahora, Huerta encontró el tesoro nacional vacío y no había mucho que pudiera hacer. Quería reconstruir la infraestructura del país e intentó conseguir préstamos del extranjero, especialmente de Francia y Gran Bretaña.

En los Estados Unidos, Woodrow Wilson asumió el cargo en marzo de 1914 y, en lo que respecta a México, demostró que no simpatizaba con Huerta. En su opinión, era un usurpador. Cuando el presidente Wilson supo por una comisión investigadora lo que su embajador en México había hecho durante la Decena Trágica, se sorprendió y lo destituyó inmediatamente de su cargo. Ciertamente, su antipatía hacia Huerta también fue alimentada por el hecho de que el presidente mexicano estaba haciendo tratos con Europa, específicamente con una Alemania hostil.

El presidente Wilson presionó a Francia y a Gran Bretaña para que no concedieran créditos a México. Alemania no abandonó a Huerta, en parte porque estaba haciendo lo mismo que había hecho en varios países periféricos: financiar movimientos hostiles contra sus enemigos ante la inminente conmoción mundial. El embajador alemán había ofrecido municiones y armas a México con la condición de que dejara de vender petróleo a Gran Bretaña en caso de guerra. Huerta aceptó. En 1914, el barco de vapor *Ypiranga* —el mismo barco alemán que había llevado a Porfirio Díaz al exilio— abandonó Alemania para ir al puerto de Veracruz con un gran cargamento de armas para el hombre del eterno ceño fruncido.

La invasión estadounidense

En abril de 1914, los Estados Unidos enviaron buques de guerra al golfo de México para tomar la ciudad de Veracruz, el puerto más importante de México. A la cabeza de la expedición estaba el almirante Frank Fletcher. Sus órdenes eran apoderarse de la aduana de Veracruz e impedir que las armas entraran en el país. A las once de la mañana, 800 marines se dirigieron al puerto en barcos. La defensa de la ciudad estaba a cargo de un viejo general llamado Gustavo Maass.

Unos minutos antes, un soldado se le acercó a Maass para decirle que tenía una llamada del consulado de los Estados Unidos. Él contestó al teléfono. El secretario del consulado le informó, en nombre del cónsul de los Estados Unidos, que el almirante Frank Fletcher tenía órdenes de desembarcar, tomar el puerto, y que Fletcher esperaba que no hubiera resistencia y que se pudiera evitar el derramamiento de sangre. El burócrata de las ligas menores añadió que el general Maass debía permanecer en su cuartel y no tomar ninguna medida cuando Fletcher tomara los trenes y el material rodante en la estación.

Maass exclamó que no podía permitir el desembarco y que, con los elementos a su disposición, evitaría cualquier agresión contra la soberanía nacional. En cuanto a los trenes, juró que haría lo que considerara más conveniente. El secretario del cónsul repitió sus órdenes de forma mecánica y Maass, tras reiterar su decisión de no permitir el desembarco, colgó el teléfono. Cuando terminó la llamada, sus hombres le advirtieron que las tropas americanas ya estaban en los muelles y efectuaban el desembarco frente a la estación de trenes. Solo habían pasado diez minutos entre la llamada y el desembarco.

Según su propio informe, Maass se preparó para recibir a los invasores con fuego intenso. Los americanos, que posiblemente no esperaban resistencia, volvieron a sus barcos bajo una lluvia de metralla solo para volver unos momentos después con toda su fuerza. Maass llamó a la Ciudad de México para recibir instrucciones. Huerta, que quería evitar un enfrentamiento abierto con los Estados Unidos, le ordenó retirarse diez millas tierra adentro. Antes de retirarse, el general de 64 años abrió las prisiones. El ejército se movió tierra adentro, pero los estudiantes de la escuela naval organizaron la defensa: improvisaron barricadas y cada cadete recibió 250 cartuchos. Junto con los prisioneros y los habitantes de Veracruz, que subieron a los tejados con pistolas, se prepararon para defender la ciudad. La lucha comenzó a la una de la tarde.

Fletcher era un humanista que no quería destruir la hermosa ciudad de Veracruz, la más antigua de América continental, con sus iglesias coloniales, pórticos, calles empedradas y casas llenas de flores. Al tercer día, las fuerzas estadounidenses, muy superiores, capturaron la ciudad y se estacionaron allí. Su intención no era invadir México sino debilitar el régimen de Huerta al cortar su principal fuente de ingresos (las aduanas de Veracruz) y, lo que es más importante, impedir su comercio con Alemania.

A pesar de que muchos mexicanos veían a Huerta como «el chacal», en todo el país, la gente se unió contra la invasión. Cuando el presidente Wilson supo que los civiles mexicanos se habían resistido a la ocupación, que había provocado la muerte de diecinueve americanos y varios cientos de mexicanos, se sintió consternado. En varias partes de México, muchos voluntarios se presentaron para resistir lo que pensaban que era una nueva guerra de conquista. Huerta intentó aprovechar ese impulso, pero no fue suficiente. Fue cercado por todos los lados. El bloqueo de Veracruz benefició a un nuevo jefe revolucionario y amigo de Madero, Venustiano Carranza, el

gobernador de Coahuila. Tras el asesinato del anterior presidente, Carranza había emitido su

propio Plan de Guadalupe para continuar la Revolución mexicana. Su proclamación fue directa y

breve. Declaró que el gobierno de Huerta era ilegítimo, así como los poderes legislativos y judicial y los gobiernos estatales. Carranza también expresó su intención de tomar el mando de

un ejército, capturar la Ciudad de México, asumir la presidencia de manera provisional y

convocar nuevas elecciones.

Al igual que el difunto Francisco Madero, Carranza era un norteño, un terrateniente y un miembro de la clase alta. Tenía 55 años cuando comenzó su levantamiento. Era enérgico y vigoroso, pero llevaba una enorme barba blanca y esponjosa, junto con unas pequeñas lentes redondas que le hacían parecer un viejo Papá Noel mexicano. Pancho Villa lo llamó barba de chivo. Sin embargo, Carranza tenía tal determinación y energía que, en poco tiempo, reunió un gran ejército y formó una verdadera oposición contra Huerta. Además, Carranza atrajo el interés de los Estados Unidos. Con más y más asesinatos, represión, arrestos y reclutamiento forzoso, incluso los escépticos estaban convencidos de que Victoriano Huerta tenía que irse. «No

reconoceré un gobierno de carniceros», confió el presidente Wilson en privado a un amigo en mayo de 1913.

Capítulo 7. Dos huracanes

—Cuando se gane la revolución, ¿seréis el ejército?

—Cuando se gane la revolución, ya no habrá más ejércitos. Los hombres están hartos de ejércitos.

El periodista John Reed, al entrevistar a los guerrilleros revolucionarios

Una de las metáforas más convincentes para describir lo que pasó después en la Revolución mexicana es la de un gran viento que barrió México. Con la excepción de las dos penínsulas del este y oeste del territorio —Baja California y Yucatán, donde la guerra apenas tocó la vida de la gente— no había lugar en el país para esconderse de las nubes de polvo levantadas por los caballos de guerra, los disparos de las ejecuciones masivas en ambos lados, los lamentos de una madre que acababa de ver a su hija secuestrada por las tropas o los gritos salvajes de los soldados que saqueaban otro pueblo. El presidente Huerta trató de negociar con cada revolucionario de forma independiente y mandó enviados para pedirles que depusieran las armas. Nadie aceptó. Así comenzó la etapa más destructiva de la Revolución mexicana. Todo México sintió los dolores de parto de una nueva nación a la que aún le faltaba mucho para nacer.

Sediento de venganza tras enterarse de la muerte de Madero y animado por su ideal de justicia, Pancho Villa cruzó la frontera de vuelta a México en una noche lluviosa de marzo de 1913. «Esa noche», registró más tarde, «tenía a ocho hombres conmigo, no teníamos un plan definido, pero había decidido ir a mis viejos lugares en las montañas de la Sierra Madre, donde sabía que podía encontrar a hombres que me siguieran. Teníamos un saco de harina, dos paquetes pequeños de café y un poco de sal». Villa y sus hombres comenzaron a emboscar al ejército de Huerta, tratando de conseguir municiones y armas. «Les dije a mis hombres que el enemigo tenía esas cosas y que teníamos que quitárselas». Villa oyó hablar del Plan de Guadalupe de Carranza y se unió a la causa... al menos por el momento.

A la semana siguiente, un centenar de hombres estaban con él. Unos meses más tarde, su ejército popular contaba con más de 18.000 soldados, 30 cañones y varias ametralladoras. Primero, Villa conquistó el estado de Chihuahua, que estaba conectado a los Estados Unidos por tren. Batalla tras batalla, Villa tomó el control de todo el norte de México. Fue despiadado con sus prisioneros de guerra, cuyas vidas solo perdonaba ocasionalmente cuando su teniente, Felipe Ángeles, intervenía, pero también mostró una conciencia social. En 1913, fue gobernador de Chihuahua durante dos meses. En esas ocho semanas, expropió las propiedades de los ricos, confiscó el oro de los bancos y estableció fuertes impuestos para la clase alta; a cambio, abrió varias escuelas, promulgó leyes para proteger a las viudas y a los huérfanos, ordenó que se bajara el precio de la carne, la leche, el pan y prometió a sus soldados y familias que distribuiría las tierras después del triunfo de la Revolución mexicana. Villa fijó el precio de la carne a siete centavos la libra, la leche a cinco centavos el litro y un gran pedazo de pan a cuatro centavos. El día de Navidad, reunió a todos los pobres de Chihuahua y le dio quince pesos a cada uno. Envió a sus soldados a patrullar las calles, con la advertencia de que dispararía a cualquiera que se emborrachara o robara. No había hambre en Chihuahua y Villa se convirtió en el «amigo de los pobres».

A diferencia de la imagen popular de un hombre descontrolado, Villa aborrecía el alcohol y el vicio. Una de las primeras cosas que hacía después de tomar una ciudad era verter cientos de litros de alcohol por las calles para evitar que sus soldados cayeran en la tentación. Al gobernador Villa no le interesaba ejercer el poder detrás de un escritorio. En enero de 1914, dejó la gobernación y dos meses después comenzó su marcha hacia el sur, a la Ciudad de México, donde Huerta todavía estaba sentado en la silla presidencial. Mientras tanto, su ejército, la famosa División del Norte, atrajo a más voluntarios. Sus conquistas eran imparables y los otros generales de la Revolución mexicana empezaron a verlo con desconfianza e inquietud. Los hombres que siguieron a Villa sintieron una mezcla de admiración y miedo, pero se animaron por su voluntad de recompensar a los que le eran leales. Las leyendas se tejieron alrededor de «El Centauro del Norte», como se le llamaba ahora y se contaban cuentos fantásticos sobre sus hazañas.

John Reed, un periodista americano que se hizo amigo de Villa, es una de nuestras mejores fuentes para aquellos días en los que el Centauro era el hombre más popular de México y su División del Norte, el ejército más formidable. En el campo de batalla, Villa tuvo que inventarse un método de guerra totalmente original, que implicaba el secreto, la rapidez de movimiento y la adaptación de sus planes al carácter del país y de sus soldados. Estableció relaciones íntimas con la tropa y creó entre los enemigos la superstición de que su ejército era invencible y que el propio Villa poseía una especie de talismán que lo hacía inmortal. Disparaba inmediatamente a los oficiales enemigos, pero perdonaba a los soldados comunes y los invitaba a unirse a la División del Norte.

John Reed era un amigo íntimo de Villa. El Centauro del Norte lo llamaba «Juanito». Reed observó cómo, cuando el ejército de Villa entraba en batalla, no se veía obstaculizado por los saludos, los cálculos trigonométricos de las trayectorias de los proyectiles, las teorías del porcentaje de aciertos en mil disparos de rifle, o la función de la caballería, la infantería y la artillería en cualquier posición particular. Villa no sabía de esas cosas, pero sabía que sus hombres no podían ser conducidos a ciegas en pelotones alrededor del campo a paso perfecto porque luchaban individualmente y por su propia voluntad. Reed pensaba que eran más valientes que el anticuado ejército federal, cuyos hombres habían sido forzados. El periodista, sorprendido, vio cómo, cuando los revolucionarios corrían por las calles de una ciudad asediada, Villa se encontraba entre ellos como cualquier soldado común.

Al igual que la División del Norte, otros ejércitos durante la Revolución mexicana incorporaron a cientos de mujeres soldados y niños. Hay numerosas fotografías históricas de mujeres, algunas de ellas casi adolescentes, disparando rifles. «Villa», escribió Reed, que fue testigo de la División del Norte en acción, «fue el primer hombre que pensó en marchas rápidas y forzadas de cuerpos de caballería, dejando a sus mujeres atrás. Hasta su época, ningún ejército mexicano había abandonado su base; siempre se había mantenido cerca del ferrocarril y de los trenes de suministro. Pero Villa aterrorizó al enemigo abandonando sus trenes y arrojando todo su ejército sobre el campo, como lo hizo en Gómez Palacio [Durango, norte de México]. Además, inventó en México la forma más desmoralizante de la batalla: el ataque nocturno».

En los Estados Unidos, sus hazañas fueron legendarias. El Centauro del Norte, cuyas bases principales estaban cerca de la frontera de los Estados Unidos, era un hombre práctico. Afirmaba que era amigo de los americanos. Durante un tiempo, fue una especie de Robin Hood mexicano, cuyas aventuras Hollywood quería embellecer. Uno de los momentos más extraños de la Revolución mexicana fue cuando, en 1914,

Villa llegó a un acuerdo con una compañía cinematográfica, Mutual, para filmar sus batallas con el fin de hacer una película para que el público americano conociera las hazañas del famoso general. La Mutual Film Company le obligó a llevar un uniforme especial para que pareciera más amable ante la cámara. «¿Es Villa un bandido, un soldado, un Jesse James, un George Washington, un Robin Hood, un Napoleón, un ladrón, un patriota o un héroe?», preguntó la revista *Reel Life* en 1914 para luego dar una respuesta: «Los camarógrafos de Mutual, que han pasado semanas en el campo y que lo han llegado a conocer bien, declaran que es un hombre incomprendido y muy difamado».

A la Mutual Film Company se le concedieron los derechos exclusivos para filmar las tropas de Villa en la batalla y Villa recibiría el 20 por ciento de todos los ingresos que las películas produjeran. Sin embargo, el material no era lo suficientemente bueno para el director, así que Mutual decidió producir una nueva película desde cero. The Life of General Villa, debidamente endulzada para el público norteamericano, se estrenó en mayo de 1914 sin mucha publicidad.

Zapata

Si había un Centauro en el norte, entonces había un Atila en el sur. Ese es el apodo que la virulenta prensa de la Ciudad de México le dio a Emiliano Zapata, el líder campesino que luchó por el lema «Tierra y Libertad» para los trabajadores rurales.

Su agenda era limitada, pero clara. Con la obstinación de una roca, la defendió, sin dejarse impresionar por las promesas de reformas económicas o libertad política. La tierra era lo primero y no había necesidad de esperar. Todo lo demás llegaría con el tiempo. Los campesinos en armas de Zapata eran especialmente odiados y temidos en la capital. La prensa les llamaba bárbaros, salvajes de la montaña e incluso polígamos. La gente común, basándose en lo que los periódicos les informaban, creía que cuando las hordas de Zapata llegaran a la ciudad, matarían a todos los habitantes y destruirían la civilización, especialmente cuando Zapata, el general con el enorme sombrero y bigote, envió un comunicado de guerra a la Ciudad de México que decía lo siguiente:

> En un consejo de guerra, se ha resuelto tomar la Ciudad de México a fuego y espada. Se hará justicia drástica a todos los enemigos, los responsables de los delitos serán ejecutados por las autoridades militares. Los bienes de los condenados serán confiscados y enviados para el apoyo del ejército. Todos los oficiales y comandantes del llamado ejército federal serán ejecutados sin juicio, ya que son los únicos que sostienen al usurpador. Si se rinden antes de ser capturados y no son culpables de otros crímenes, serán perdonados. Los traidores Huerta y Blanquet serán degradados después de un breve juicio y colgados de los balcones del Palacio Nacional como advertencia general. Los restantes miembros del gabinete serán fusilados tras un juicio sumario. La vida y los intereses de los extranjeros serán respetados, si son neutrales. Se les dará cinco días a los habitantes de la Ciudad de México que deseen evitar los horrores de la guerra y [deseen] abandonar la ciudad.

Firmado por EMILIANO ZAPATA.

Todos los presidentes, desde Madero, hasta de la Barra y Huerta, habían puesto un gran énfasis en destruir el ala más radical de la Revolución mexicana representada por Zapata. Huerta fue particularmente brutal, al castigar a la población civil de los pueblos que apoyaban o escondían a los zapatistas. Se quemaban pueblos enteros. Un testigo de la época dejó una vívida descripción de los hombres y mujeres de Zapata:

> Se trataba de un ejército campesino revolucionario, asentado en sus propias casas. Los soldados volvían de vez en cuando para cuidar de sus parcelas de maíz y chile. Un batallón podía, si se

encontraba en un lugar militar incómodo, simplemente evaporarse, cada hombre se convertía de nuevo en un campesino de ojos blandos y habla vaga con solo quitarse el cinturón de cartuchos y esconderlo junto con su arma. Era imposible derrotarlos y más difícil encontrarlos, ya que solo se manifestaban cuando estaban listos para atacar; y conocían, además, todos los atajos de su país montañoso. Vestían de blanco campesino ordinario, excepto los jefes que se vestían con ropas de ranchero; en el caso de Zapata, vestía de una forma simbólica, teatral y de negro. El primer acto de asalto a una hacienda o a un centro municipal fue brusco y simbólico: llegaron a la caja fuerte, destruyeron todos los papeles relacionados con los títulos de propiedad de las tierras y después invitaron a los campesinos del vecindario a que se instalaran en las tierras de la hacienda.

En cualquier caso, la lealtad que Zapata despertó entre sus hombres fue igual o quizás más intensa que la de Villa. Ambos generales avanzaban hacia el centro de México, hacia la capital del país, donde los dos titanes se reunirían.

La toma de Zacatecas: el golpe mortal a Huerta

La caída de Victoriano Huerta fue una consecuencia directa de las victorias de Pancho Villa y su División del Norte. Los artículos de John Reed, quien más tarde escribió un famoso libro sobre la Revolución rusa, son materiales de primera mano de gran valor para ayudar a apreciar el poder de atracción y el estatus casi mítico de Villa durante sus momentos de gloria en 1914. Fue «el momento más satisfactorio de mi vida», escribió Reed mientras avanzaba con el mayor ejército de México hacia la capital. No era un reportero en el sentido tradicional. Se convirtió en parte de la vida de los hombres y mujeres revolucionarios para ver el conflicto desde su punto de vista. Reed se puso de su lado para experimentar la promesa de una nación libre donde no habría clases bajas, ejércitos opresivos o dictadores.

Reed fue testigo de cómo la gente adoraba a Villa incluso cuando no estaba cerca. Los soldados compusieron corridos al Centauro del Norte, un género musical, o canciones de guerra de la Revolución mexicana. Junto a un incendio, el reportero se deleitó cuando un hombre comenzó a cantar un verso de «La canción matutina de Francisco Villa», y luego el hombre a su lado compuso lo siguiente en el acto. Cada uno contribuyó a un relato dramático de las hazañas del general durante más de tres horas.

¡Ya llegó su amansador,
Pancho Villa el guerrillero,
pa'sacarlos de Torreón
y quitarles hasta el cuero!
Los ricos con su dinero
recibieron una buena:
con los soldados de Urbina
y los de Maclovio Herrera.
Vuela, vuela, palomita,
vuela en todas las praderas,
y di que Villa ha venido
a hacerlos echar carreras.
La justicia vencerá,
se arruinará la ambición:
a castigar a toditos,
Pancho Villa entró a Torreón.
Vuela, vuela, águila real,
lleva a Villa estos laureles,
que ha venido a derrotar

a Bravo y sus coroneles

Ora, jijos del Mosquito,

que Villa tomó Torreón,

pa'quitarles lo maldito

a tanta mugre pelona.

¡Viva Villa y sus soldados!

¡Viva Herrera y su gente!

Ahora ya sabéis, malvados,

lo que puede hacer un hombre valiente.

Otros corridos famosos de la División del Norte, como *La Adelita* y *La Valentina*, dos cuentos sobre mujeres, se conservaron y se grabaron varias veces.

Si Adelita se fuera con otro

La seguiría por tierra y por mar,

Si por mar en un buque de guerra

Si por tierra en un tren militar.

La Valentina es una canción de amor para una joven que muestra la actitud fatalista de los villistas:

Valentina, Valentina,

rendido estoy a tus pies,

si me han de matar mañana

que me maten de una vez.

Cuando Villa salió de Chihuahua, cortó los cables del telégrafo que comunicaba con el norte y prohibió, bajo pena de muerte, que nadie llevara o enviara la noticia de su partida. Quería tomar al ejército federal por sorpresa. El primer golpe serio a Huerta fue la captura de la ciudad de Torreón. Torreón era un centro ferroviario esencial donde Villa podía controlar importantes recursos. A partir de entonces, dejó que las esposas de los soldados les acompañaran en los trenes para cocinar y a veces para unirse a la lucha, lo que incrementó aún más su ejército. Cuando Villa subió a sus trenes con su División del Norte, la escena parecía un éxodo. El siguiente objetivo era Zacatecas, el centro geográfico de México.

Venustiano Carranza, el jefe de barba blanca y gafas redondas, comenzó a sentir celos del poder y de la popularidad de Villa. Carranza ordenó al Centauro que se pusiera a las órdenes del general Álvaro Obregón. Como Carranza sabía que Zacatecas era el punto estratégico de entrada al sur, ordenó a Villa que se retirara y desistiera, pero el Centauro ignoró las órdenes. El 23 de junio de 1914, en la que había sido una de las ciudades más ricas del México colonial, gracias a sus minas de oro y plata, comenzó la batalla decisiva de la Revolución mexicana. Las tropas rebeldes atacaron por todos lados con cargas de caballería y fuego de cañones desde las colinas. Los soldados federales entraron en pánico, se deshicieron de sus uniformes y se escondieron en las casas, mientras que unos pocos huyeron hacia el sur, donde les esperaban nuevas tropas revolucionarias que les derribaron desde ambos lados del camino. En una de las acciones más sangrientas, uno de los defensores de la ciudad voló un depósito de municiones en lugar de dejar que cayera en manos de Villa. La explosión destruyó una manzana entera y dejó un centenar de civiles muertos. En total, se perdieron más de 7.000 vidas militares y civiles en un solo día.

En un año, la Revolución mexicana había dejado a Huerta con solo una fracción del país. Sin embargo, la oposición a Huerta estaba lejos de ser un movimiento unificado que luchaba por una causa común. Lo único que unía a los ejércitos del sur, norte y noroeste era su deseo de derrocar al dictador. Aunque, al principio, el norte de México presentaba un frente unido, los desacuerdos pronto separaron a los líderes y ninguno de ellos reconoció al otro como el líder de la revolución. Cada general de división tenía sus propias agendas políticas y, en algunos casos, económicas y extranjeras, que no necesariamente coincidían. Solo parecía existir una corriente de simpatía con Pancho Villa y Emiliano Zapata, ya que ambos eran campesinos y representaban al ala radical y popular de la revolución. Aunque Carranza, un terrateniente de clase alta, también quería derrocar a Huerta, tenía planes más conservadores.

Adiós a Huerta

El país ya no le pertenecía a Huerta ni a los viejos porfiristas. En un momento crítico, ya no le pertenecía a nadie; se trataba de una casa dividida y destruida por fuerzas de diferentes intereses. En el año 1914, durante las negociaciones en las cataratas del Niágara, que se llevaron a cabo allí para evitar la guerra entre los Estados Unidos y México, y que implicaron la intercesión de los países del ABC (Argentina, Brasil y Chile), los representantes acordaron el fin de la ocupación estadounidense de Veracruz con la condición de que Huerta se rindiera. El viejo general podía haberse quedado y aliarse con otras potencias, pero el país ya no era suyo; ahora le pertenecía a una nueva generación de líderes revolucionarios. El 15 de julio, el presidente finalmente renunció ante el Congreso de México y se dirigió a Veracruz para embarcarse en el barco de vapor alemán *SS Dresden* que lo llevaría a Europa. Tres años antes, había escoltado a Porfirio Díaz al mismo lugar para abordar otro barco de vapor alemán que desapareció en el Atlántico. Ahora, estaba siguiendo el mismo destino. Pero a diferencia de Don Porfirio, Huerta no iría como turista a ver las pirámides de Egipto o los Campos Elíseos. En apariencia, parecía tan decrépito como Díaz, pero Huerta no era un anciano: solo tenía 64 años.

Cuando presentó su renuncia al Congreso, el dictador entregó un mensaje enigmático. Con su mirada de águila, recordó a la audiencia que su solemne promesa había sido la de establecer la paz en México y que para ello había formado un ejército. Les recordó la escasez de recursos a la que se había enfrentado y cómo «una gran potencia de este continente» había apoyado a los rebeldes. Mencionó la ocupación en Veracruz y los acuerdos a los que habían llegado durante la Conferencia de Paz de Niágara, y dijo que su gobierno había asestado un golpe mortal a una potencia injusta. «Los trabajadores robustos vendrán después con herramientas más perfectas que aniquilarán, sin duda, ese poder que ha causado tantos daños y [es responsable de] tantos ataques en este continente». Los periódicos publicaron el discurso de Huerta, pero estaban desconcertados, sin saber qué hacer con el mensaje. El antiguo presidente ni siquiera había arañado a los Estados Unidos. Posiblemente, por debajo de su tono profético, había otros planes que se estaban materializando en su mente. Huerta, a quien todos consideraban en ese momento como un simple cadáver viviente, todavía tenía un plan. Todavía quería salvar a su país.

Capítulo 8. La Convención de Aguascalientes

Además de Villa, Zapata y Carranza, había otros líderes por todo el país. Estaba Álvaro Obregón, un antiguo agricultor de garbanzos que había reunido su propio ejército formado por el pueblo feroz yaqui de Sonora. Álvaro Obregón, la estrella en alza de 1914, tenía una historia peculiar. Había perdido a su padre cuando era niño y su familia se había trasladado a una zona costera pantanosa poblada principalmente por los mayas, donde el joven Álvaro (cuyo nombre significa «siempre prudente») creció rodeado de pobreza. Allí aprendió el idioma de los mayos y se convirtió en un firme defensor de los derechos de los nativos americanos. Mientras crecía, trabajó como mecánico, barbero, pintor, profesor, vendedor de zapatos de puerta en puerta e incluso como músico. A la edad de los 26 años, finalmente intentó cultivar garbanzos, comenzó a exportar cosechas a los Estados Unidos y se convirtió en un próspero agricultor. Cuando se unió a la Revolución mexicana en 1912, sus más fieles seguidores fueron los mayas y los yaquis de Sonora, a quienes tanto había defendido a lo largo de su vida y cuyo idioma hablaba. Obregón era atlético, apuesto, con cejas gruesas y una mirada suave. Se consideraba socialista y dirigía el Ejército Constitucional del Noroeste, en la misma región que Pancho

Villa, en apoyo a Carranza. Pero las lealtades podían cambiar y, a menudo, lo hacían.

Otros jefes actuaban por separado y sin responder a nadie. Sin presidente de la república, sin elecciones en el horizonte y con todo un país en pie de guerra, lo único que quedaba era la anarquía y el caos. Había tantos líderes, cada uno con una idea diferente de lo que México debería ser, y algunos de ellos simplemente abandonaban sus creencias por el juego del saqueo, la destrucción y la lucha interminable. El movimiento iniciado por Francisco Madero en 1910 amenazaba con desintegrar el país.

Venustiano Carranza, el autoproclamado «primer jefe de la Revolución», consideró que ya era hora de hacer una tregua y sentar a todos a hablar. Por eso convocó una reunión en la ciudad de Aguascalientes, un territorio neutral a 100 kilómetros al sur de Zacatecas. Aguascalientes era entonces una ciudad tranquila, famosa por sus aguas termales y su exótico jardín público dedicado a San Marcos. Sus huertos de higos, peras, melocotones y uvas ceñían la ciudad como un cinturón, a pesar de que el pueblo estaba situado en tierra árida. Era hora, dijo Carranza, de pasar de las armas a las propuestas, de definir el país que querían. La Convención de Aguascalientes fue un momento de buen juicio y esperanza en medio de un país que se dirigía al caos.

Mientras las tropas se iban acercando a la majestuosa ciudad, que había permanecido libre del tumulto de la Revolución mexicana, un aire de inquietud corría por las calles. Los dueños de las posadas y tabernas trabajaban horas extras. Los dos únicos hoteles de la ciudad se llenaron incluso antes de que los trenes empezaran a llegar con los delegados. Los hostales se convirtieron en cuarteles y muchas familias ricas tuvieron que ofrecer alojamiento —no sin una cierta preocupación— al personal militar, esperando alguna protección a cambio. En los hogares donde había chicas solteras, sus padres las enviaban a toda prisa fuera de la ciudad. En cuanto a los demás tesoros familiares —oro, joyas, monedas de plata— los habitantes de Aguascalientes los escondían bajo sus hornos o los enterraban junto a un árbol en el patio trasero.

El 10 de octubre de 1914, la ciudad se convirtió en el centro militar, político y nervioso de la nación cuando los delegados de Villa, Carranza y los demás jefes comenzaron a llegar al Teatro Morelos, la sede de la Convención. En su sesión inaugural, 115 soldados se inscribieron para el debate. Toda la república estaba atenta a lo que se diría allí. Pero los zapatistas estaban ausentes y, por lo tanto, el montaje estaba incompleto, como un automóvil sin una de sus ruedas. El general Felipe Ángeles, el militar de mayor confianza de Villa, pidió al cuerpo que invitara a los hombres del sur, agregando que la División del Norte estaba en condiciones de hacer una paz completa en el país, porque Villa estaba de acuerdo con Zapata.

En un movimiento inesperado, cuando la Convención comenzó sus sesiones, se declaró soberana y fue, por lo tanto, la más alta autoridad del país. Esto significaba que se autoproclamaba con poder absoluto y que solo se respondería a sí misma. Uno de los generales habló y marcó la pauta: «No hemos venido aquí para discutir si Carranza o Villa deben ser presidentes. Vinimos a crear un programa de gobierno y queremos la paz. ¡Queremos justicia! Y lo sabemos bien: no tenemos miedo de ninguno de los ejércitos». Uno por uno, los representantes de los bandos armados subieron al escenario para firmar la bandera que Álvaro Obregón, el ex plantador de garbanzos, había traído de la Ciudad de México. Al firmar el paño, cada general, militar y jefe pronunció las siguientes palabras: «Ante esta bandera, por mi honor de ciudadano armado, pido que se cumplan las decisiones de esta asamblea».

El general Felipe Ángeles insistió en que la Convención no estaba completa sin los enviados de Zapata y se ofreció a ir en una expedición al sur para traerlos. «Señores, digámosle a Zapata: Redentor de los campesinos, ven aquí, hermano, que hay muchos brazos que quieren abrazar los tuyos». Su propuesta tuvo un estruendoso aplauso y el general se dirigió al sur en busca de Zapata. Ninguno de los tres grandes hombres de la Revolución mexicana de entonces —Villa, Zapata o Carranza— se encontraba entre el público. Carranza, no muy humildemente, había dicho que su presencia podía influir en las discusiones y por lo tanto no asistiría a la reunión. Villa estaba cerca con su ejército, a unos pocos kilómetros, en la ciudad de Guadalupe. Zapata había dicho que no iría, a menos que aceptaran su Plan de Ayala sin cambiar nada.

En realidad, los jefes estaban siendo demasiado cautelosos. Sabían que la traición estaba al acecho a la vuelta de la esquina. Sin embargo, el 17 de octubre, un distinguido invitado apareció en la ciudad: Pancho Villa. Iba a firmar la bandera de la Convención. Solo queda una fotografía de este momento. El general Villa, bien arreglado e impecable con un traje nuevo, está firmando con su mano derecha. Detrás de él, otros cuatro delegados presencian la escena. Ninguno de ellos mira a la cámara o a Villa. Como la División del Norte estaba en las afueras de Aguascalientes, muchos delegados temían que hubiera una toma de posesión violenta, pero el Centauro firmó y se fue, con el debido respeto a la ciudad.

Los zapatistas hacen su entrada

El 27 de octubre, los invitados más esperados llegaron a la asamblea. Los zapatistas bajaron a Aguascalientes desde las montañas del sur. En medio de aplausos, la comisión entró en el teatro y así, el movimiento ideológico más maduro se unió a las discusiones. El espíritu de la unidad nacional entusiasmó a todos. La Convención fue, a partir de ese momento, la institución más autorizada de la Revolución mexicana. La delegación zapatista estaba formada por intelectuales experimentados con una postura ideológica definida. «Lamentamos esta división que existe entre los que nos levantamos juntos en 1910 para derrocar una dictadura que creíamos invencible», comenzó Paulino Martínez, el líder de la delegación zapatista, un hombre pequeño con un bigote formidable que había sido un periodista de la oposición de la época de Porfirio Díaz. «Lamentamos sinceramente que nuestros camaradas de hoy sean quizás los enemigos que combatiremos mañana. No queremos esta lucha fratricida». Y luego, presentó el contenido del Plan de Ayala.

> «Tierra y Libertad» es el lema que sintetiza nuestro proyecto de libertad económica para el pueblo mexicano, no apoya los privilegios de un determinado grupo social, sino la igualdad política y el bienestar colectivo de todos los habitantes de la república; un hogar para cada familia, un pedazo de pan para cada necesitado, una luz para cada cerebro en las granjas-escuela que la Revolución establecerá después de la victoria, así como tierra para todos, porque la extensión del territorio mexicano puede albergar cómodamente de noventa a cien millones de habitantes.

La multitud estalló en aplausos.

El siguiente orador zapatista, Antonio Díaz Soto y Gama, un orador incendiario, subió al podio y, en medio del discurso, agarró la bandera mexicana que todos habían firmado con un rápido movimiento. Para la sorpresa de todos, la apretó con desprecio y dijo que nunca firmaría esa bandera que había ondeado en los suntuosos edificios de los tiranos. «La palabra de honor vale más que una firma», dijo. Más de 200 pistolas salieron de sus fundas y, por un momento, la tensión alcanzó niveles insondables. Soto y Gama se quedó allí de pie sin inmutarse, impasible. Unas cuantas mujeres del piso superior se desmayaron. Desesperado, el presidente de la Convención instó a todos a que se calmaran y les recordó que un solo disparo sería suficiente para arruinar lo que se estaba logrando allí. Un testigo presencial contó más tarde cómo la gente de los pisos superiores (civiles) se precipitaron hacia la salida, gritando, empujándose unos a otros y rodando por las escaleras, pero fueron detenidos en la entrada por los guardias.

Unos días después del incidente de la bandera, se proyectó una película sobre la Revolución mexicana en el teatro. Muchos convencionistas se asombraron porque era la primera vez en sus vidas que veían una película. Aparecieron las columnas de soldados yaquis, luego una secuencia del general Álvaro Obregón (que estaba presente entre el público) y los trenes, mientras el público se quedaba boquiabierto ante las figuras humanas hechas de sombra y luz. La película parecía tan real que cuando Venustiano Carranza a caballo apareció por centésima vez en la pantalla, solemne e inexpresivo al entrar en la Ciudad de México, algunos gritaron: «¡Muerte a Carranza!», sacaron sus pistolas y dispararon a la pantalla. La anécdota la narró el novelista mexicano Martín Luis Guzmán, que también estaba presente. Como era un civil, se había colado por la puerta trasera con un amigo y se sentó detrás de la pantalla, así que estaban viendo la película desde el otro lado de la tela. Las balas cayeron directamente sobre el pecho de Carranza y pasaron justo por encima de sus cabezas. «Si Carranza hubiera entrado en la Ciudad de México a pie», escribió Guzmán, «las balas nos habrían alcanzado».

La siguiente resolución de la Convención tomó a los tres grandes líderes por sorpresa: los delegados pidieron a Carranza, Villa y Zapata que renunciaran al mando de sus respectivos ejércitos, que mantenían cautivo al país. Desde la Ciudad de México, Carranza telegrafió que renunciaría como el primer jefe solo si Pancho Villa renunciaba primero a su División del Norte y se retiraba a la vida privada. Carranza no podía tolerar la independencia y la autonomía de Villa, la fuerza de su ejército, las radicales reformas sociales que había lanzado en Chihuahua y el hecho de que Villa se opusiera públicamente a su política exterior. Cuando se enteró de que Carranza renunciaría si él también lo hacía, el Centauro envió una notable contrapropuesta: «Propongo que nos fusilen a los dos, al barbudo y a mí».

Capítulo 9. La silla presidencial

La Convención de Aguascalientes fue, durante unas semanas, llena de esperanza, una primera institución parlamentaria en el nuevo México. Desde los tiempos del Congreso que había redactado la Constitución de 1857, no había habido un debate abierto y sin restricciones porque Porfirio Díaz había tenido un Congreso lleno de títeres. Pero la asamblea aún no había terminado cuando los ejércitos habían vuelto a sus asuntos. Tenían armas a su disposición y la tentación de usarlas era grande. En el norte, el general Maclovio Herrera se rebeló contra Pancho Villa. «¡Ese canalla de orejas grandes!» gritó Villa. «¿Cómo pudo hacerlo? ¡Yo mismo le instruí! ¡Es mi hijo de armas! ¿Cómo se atreve ese sordo y desagradecido traidor a abandonarme?». En la Convención de Aguascalientes se intentaron conciliar los intereses, pero la verdadera política era otra cosa. La asamblea se había dividido entre dos bandos irreconciliables, el de Pancho Villa y el de Carranza.

En busca de un punto intermedio, la Convención de Aguascalientes nombró a un desconocido como presidente de la república, el general Eulalio Gutiérrez, quien a su vez nombró a Villa como jefe militar supremo del nuevo gobierno. Era evidente entonces quién iba a controlar el gobierno. Cauteloso, el joven ex-agricultor Obregón evitó identificarse con Carranza. Navegaba por donde soplaba el viento. En la Ciudad de México, el jefe de larga barba blanca hizo sus maletas y partió hacia la ciudad de Puebla, al enterarse de la inminente llegada de la División del Norte. En el sur, los hombres de Zapata también comenzaron su marcha hacia la capital. Eran como dos huracanes que se iban a encontrar en el centro. En la Ciudad de México, el pánico se extendió porque la prensa describió a los zapatistas como salvajes y a Zapata como un Atila bárbaro y sanguinario. Hoteles, restaurantes, cafés y farmacias cerraron sus puertas y la gente se encerró en sus casas. Algunos estudiantes tomaron las armas para defender la ciudad de «los bárbaros».

Pero cuando los llamados bárbaros llegaron el 24 de noviembre de 1914, la gente estaba aturdida. Se trataba de una multitud de campesinos, la mayoría de ellos indígenas, con pantalones blancos de algodón, algunos de ellos montando caballos hambrientos. Algunos llevaban machetes, otros tenían rifles y muy pocos tenían Remington. Se cubrían la cabeza con grandes sombreros de palma, llevaban huaraches y marchaban con una gran cantidad de mujeres, algunas de ellas muy jóvenes, casi niñas, vestidas como hombres y con rifles. Muchos hablaban lenguas indígenas, no el español, y llevaban pancartas de la Virgen de Guadalupe. Espontáneamente, la gente comenzó a aplaudir y a arrojarles flores. Al contrario de lo que se esperaba, los líderes zapatistas restablecieron el orden en la Ciudad de México después de la salida de Carranza y, en lugar de saquear las tiendas, los hombres y mujeres fueron de casa en casa, tocando puertas y pidiendo comida. Unos días después, llegó la División del Norte. El general Felipe Ángeles estableció su cuartel general en el Castillo de Chapultepec, en espera del advenimiento del general Villa, que llegó en tren a principios de diciembre.

Los dos grandes líderes populares, Pancho Villa y Emiliano Zapata, se reunieron por primera vez en Xochimilco, en las afueras de la Ciudad de México. Se dieron un cálido abrazo y la gente que presenció la escena estalló en aplausos, ya que el norte y el sur se estaban reuniendo finalmente. Cada uno de ellos había oído hablar del otro. Zapata, que no era muy dado a expresar sus sentimientos, comprendió que Villa, el expropiador de las grandes haciendas de Chihuahua, era el único jefe que apoyaría su programa agrario. Se sentaron a una mesa para disfrutar de una comida que consistía en pavo, tamales y frijoles con epazote. Un secretario que estaba presente en la comida grabó el diálogo entre los dos líderes para la posteridad.

Villa: No quiero ningún puesto en el gobierno porque no sé cómo lidiar [los asuntos burocráticos]. Vamos a ver cómo podemos encontrar a estas personas. Solo vamos a advertirles que no nos den dolores de cabeza.

Zapata: Por eso les advierto a todos estos señores que tengan mucho cuidado, porque si no, el machete se les caerá encima. (Risas.) Bueno, sé que no nos engañarán. Nos hemos limitado a arrearlos, a vigilarlos muy de cerca, a cuidarlos y a mantenerlos callados también.

Villa: Entiendo muy bien que nosotros los ignorantes hacemos la guerra y los gabinetes se aprovechan de nosotros, [está bien] siempre y cuando no nos causen más problemas.

Zapata: Los hombres que trabajan más duro son los que menos deberían disfrutar de las aceras [de los lujos de la ciudad]. Yo no veo más que aceras [aquí]. Y me digo: cuando camino por una acera me mareo y me quiero caer.

Villa: Este pequeño rancho [Ciudad de México] es muy grande para nosotros; es mucho mejor allá [en los campos]. Tan pronto como esto se arregle, me iré a la misión del norte. Tengo mucho que hacer allí. La lucha va a ser muy dura allí. Soy un hombre al que no le gusta adular; pero ya sabes, he estado pensando en ti durante mucho tiempo.

Zapata: Lo mismo digo. Los que han viajado al norte, los muchos que han ido allí, los que se han acercado a ti, deben de haberte informado de que tenía grandes esperanzas en ti. Villa es, dije, la única persona verdadera y la guerra continuará, porque en lo que a mí respecta, ellos [los hombres en el poder] no quieren hacer nada bien y yo continuaré hasta el día de mi muerte.

En la silla presidencial

Ambos jefes acordaron que entrarían en la Ciudad de México a la misma hora y se reunirían en el Palacio Nacional el 6 de diciembre de 1914. Villa llevaba un nuevo uniforme de alto rango; Zapata, un traje de charro. Hay una película de Villa y Zapata en un banquete que tuvo lugar en el Palacio, pero la película dura solo unos segundos. En la película se ve, sentado en medio de ellos con traje, corbata y gafas, al presidente de la Convención, Eulalio Gutiérrez. A su derecha está Villa y a su izquierda, Zapata. Zapata, que es visiblemente el más alto de los tres, mira hacia abajo y come, se inclina hacia su plato y se toca la cara cuando la cámara pasa delante de él. Eulalio Gutiérrez se mueve nervioso y da órdenes a sus ayudantes; a su derecha, Villa mastica con entusiasmo sin prestar atención al camarógrafo, charlando y riendo. El momento verdaderamente icónico llegó más tarde ese día cuando se reunieron en la oficina del presidente para ver la silla presidencial. «¿Es esa la silla por la que tanto se pelean?», preguntó Villa de una forma burlona.

Una fotografía histórica de ambos hombres en la silla fue capturada por Agustín Casasola. En ella, Villa y Zapata están rodeados por una multitud variopinta, incluidos algunos niños y un hombre con la cabeza vendada. En este punto, eran dos leyendas vivientes. En la foto, la risa de Villa, congelada en el tiempo, muestra que está encantado. Zapata, que rara vez abandonaba sus dominios del sur, no sonríe. «Siéntese, mi general, por favor», dijo Villa, quitándose el sombrero y estirando el brazo. «No, usted primero», dijo Zapata. «Pero, por favor, el honor es suyo», insistió Villa. «No, prefiero no sentarme», dijo Zapata, «porque cuando alguien es bueno y se sienta en esa silla, cuando se levanta, ya es malo».

Villa y Zapata comparten la silla presidencial. Fotografía de Agustín Casasola, 1914. Fototeca INAH, México
Agustín Casasola, No restrictions, via Wikimedia Commons
https://commons.wikimedia.org/wiki/File:Gral._Urbina,_Gral._Villa,_Gral._Emiliano_Zapata._Mexico,_12-6-14_(29803803913).jpg

Aunque Villa y Zapata podrían haber visto la ocasión y la consiguiente fotografía como un recuerdo o algo para presumir en su país, como un cazador con su pie sobre la cabeza de un león muerto, lo que estaba sucediendo allí no tenía precedentes: por primera vez en la historia de México, el pueblo tenía el poder. Los líderes de la revolución habían llegado a su punto más alto y podían haber ordenado lo que quisieran en ese momento: la inmediata devolución de la tierra a los campesinos, la mejora de las condiciones de los trabajadores, la mejora de las clases urbanas. Pero esta idea de convertirse en la persona con todo el control chocó con la apatía y la falta de voluntad de ambos líderes, que estaban más interesados en sus mundos limitados que en ser presidentes de México. Otros historiadores creen que Villa, al considerarse un hombre ignorante y sin preparación, fue psicológicamente derrotado. La foto de Casasola marcó el ápice de la carrera de Villa y, por esa misma razón, el comienzo de su declive.

Zapata nunca había considerado vivir en la ciudad y convertirse en un burócrata, ni mucho menos en el presidente de la nación. «El general Zapata, con una sonrisa amable, agradeció las aclamaciones con una ligera inclinación de cabeza», escribió Francisco Ramírez Plancarte 25 años después en sus memorias, un hombre que fue testigo del momento histórico. Mientras Villa y Zapata repasaban a las tropas desde el balcón del Palacio Nacional en la única ocasión en la que se encontraron, la «mirada de Zapata era pacífica, al poner sus dulces y vagos ojos en el agitado mar de rostros». Zapata y Villa no se volvieron a ver nunca más.

Capítulo 10. Huerta contraataca

«Siempre que hay una guerra en cualquier parte del mundo, en Alemania nos sentamos y hacemos un plan».

El káiser Guillermo II

Hay un vestigio de esperanza en el informe de que Huerta dejó su exilio en España y se fue a los Estados Unidos. Este hombre fuerte podría salvar el país, si es que alguien puede.

Frankfurten Zeitung, 15 de abril de 1915

El presidente exiliado y derrocado, Victoriano Huerta, embarcó en un barco de vapor alemán con destino a Inglaterra. Desde allí, se fue a España. El hombre del eterno ceño fruncido llegó a Barcelona en agosto de 1914, tres días antes del comienzo de la Primera Guerra Mundial. Durante los primeros días de su llegada, cansado y con mala salud, se dedicó a recuperarse, pero seguía con gran interés el desarrollo de la Revolución mexicana.

En España, se encontró con un espía y un conspirador alemán llamado Franz von Rintelen, un oficial naval de 38 años cuya misión era abrir un frente secreto en México contra los Estados Unidos. «Había estudiado la situación política exterior de los Estados Unidos y me di cuenta de que el único país al que debía temer era México», escribió Rintelen en sus memorias. «Si México atacaba, los Estados Unidos necesitarían usar toda la munición que pudieran hacer, y no podían exportar armas a Europa». Rintelen buscó a Huerta y le ofreció la ayuda del káiser Guillermo II para liderar una revolución en México y recuperar su presidencia. Huerta debió de sonreír y dejar de lado su eterno ceño fruncido por unos segundos, porque nunca había abandonado la idea de regresar a México. Las fracturas entre los revolucionarios deben haberle parecido la oportunidad perfecta para restablecer un régimen fuerte, que contara con el apoyo del ejército y de las fatigadas clases altas y medias, que estaban cansadas de la guerra.

Von Rintelen servía como jefe del Servicio Secreto Alemán en los Estados Unidos y era posiblemente el espía alemán más importante de la época. En solo unos meses de su llegada a los Estados Unidos, había logrado detonar cincuenta barcos de los aliados en el mar, organizar ataques en puertos americanos, destruir un muelle de Nueva York lleno de armas con destino a Rusia y volar la Compañía Canadiense de Automóviles y Fundición. Con recursos casi ilimitados y una amplia capacidad de decisión, Rintelen hacía en los Estados Unidos lo que otros alemanes hacían en el Oriente Medio: fomentar guerras locales que desviaran los recursos de las potencias enemigas. Si México se convirtiera en una amenaza para los Estados Unidos, el país tendría que desplegar sus recursos en su propio continente y dejar a que Alemania se quedara sola en Europa. Por otro lado, si Alemania tuviera un aliado en América del Norte, podría utilizar el territorio de México para lanzar una agresión más eficaz. En última instancia, el káiser esperaba convencer a México de que le declarara la guerra a los Estados Unidos.

En los Estados Unidos, la ciudad de El Paso se había convertido en un hervidero de exiliados mexicanos que, preocupados por la anarquía en su país y el aparentemente interminable baño de sangre, conspiraban para intervenir, tomar el control y restablecer el orden. A través de una organización llamada Asamblea de Paz Mexicana, señalaron los excesos de la revolución y los compararon con los cometidos durante el Reino de Terror de Francia. A la cabeza de la conspiración estaba el general Pascual Orozco, que había sido uno de los primeros en responder a la llamada de Francisco Madero y que posteriormente se exilió a los Estados Unidos. Su dilema no era solo la falta de recursos, sino la falta de una figura fuerte capaz de unir a amplios sectores de la sociedad mexicana. El general Orozco envió a Enrique Creel, miembro de una de las familias más poderosas de México durante el Porfiriato, a hablar con Huerta en España.

Creel llegó en el momento oportuno, un mes después de la entrevista de Huerta con Von Rintelen. Las estrellas estaban alineadas para Victoriano. El exdictador había aceptado la ayuda alemana y, ese mismo mes, volvió a los Estados Unidos con Creel en el barco de vapor *López*. En abril de 1915, cuando la Revolución mexicana había tocado fondo, con el fracaso de la Convención de Aguascalientes y la guerra total entre Villa y Carranza, Huerta desembarcó en Nueva York, donde la prensa y un puñado de entusiastas admiradores se apresuraron a saludarle. El hombre declaró que estaba en un viaje de placer a los Estados Unidos. Tanto los representantes de Villa como los de Carranza en los Estados Unidos protestaron ante el gobierno de Wilson por permitir que Huerta desembarcara en Nueva York, pero el viejo general tenía sus papeles en regla. En un café de Manhattan se tocó el himno nacional mexicano cuando vieron que Huerta estaba allí. Durante los días siguientes, Huerta le dijo a la prensa que pronto aparecería un hombre fuerte que tomaría las riendas del destino en su país, aunque no dijo quién.

Durante unas semanas, Nueva York se convirtió en el centro de la contrarrevolución. Las reuniones con el personal de la embajada alemana se celebraban en secreto en el Hotel Manhattan de Broadway, donde

Huerta se reunió con Rintelen, el agregado naval alemán Karl Boy-Ed y con Franz von Papen, un general que había servido en el Ejército Imperial Alemán desde los dieciocho años y que había sido enviado para organizar actos de sabotaje en los Estados Unidos. La inteligencia americana sabía de estas reuniones. Huerta, informado de la conspiración de Orozco y de la Asamblea de Paz, le comentó a Rintelen que la situación en México era tan grave que desafiaba toda descripción y solicitó una financiación de un millón de dólares. El acuerdo se concretó ese mismo mes. Los alemanes depositaron casi la totalidad de esta suma en dos cuentas bancarias en México y Cuba, y prometieron que los submarinos alemanes entregarían armas en diferentes puntos de la costa mexicana. También se estipuló que cuando Huerta volviera a ser presidente, Alemania lo apoyaría tanto en la guerra como en la paz. El 1 de junio de 1915, Huerta se reunió con importantes exiliados mexicanos en el hotel Holland House. Uno de ellos era un espía de Carranza, que telegrafió a México que el expresidente tenía diez millones de dólares para su golpe, más el doble de esa cantidad en reserva. Finalmente, Pascual Orozco llegó a Manhattan, finalizó los detalles con Huerta y fijó el 28 de junio como fecha para la invasión.

Cuando las armas de la conspiración empezaron a cruzar a México, los espías americanos, conocedores de los pasos de Huerta, enviaron frenéticos informes a su gobierno. Dos días antes de la fecha señalada, Huerta tomó un tren a El Paso, donde empezaron a llegar todos los exiliados mexicanos de diferentes partes de los Estados Unidos. Huerta y el general Orozco establecieron el pequeño pueblo de Newman, a diez millas al norte de El Paso, como punto de encuentro, desde donde viajarían a México. Todo estaba listo. A última hora, Huerta y Orozco fueron arrestados por agentes del Departamento de Justicia de los Estados Unidos a unas pocas manzanas de la frontera con México. «Ahora estoy a sus órdenes, caballeros», dijo Huerta, sin oponer resistencia. Cuando se difundió la noticia, una multitud se reunió fuera de la prisión de El Paso y, al temer un incidente diplomático, Huerta fue trasladado a Fort Bliss. Desde su compartimento, pidió ayuda a sus supuestos protectores. El telegrama a Johann von Bernstorff, el embajador alemán en los Estados Unidos, decía:

> Estoy en Fort Bliss y mi familia, compuesta por treinta o treinta y cinco personas que están en la ciudad de El Paso, no tiene garantías de ningún tipo. Deseo saber si el gobierno de Su Majestad Imperial, al que tan dignamente representa en Washington, puede hacerme el favor de proteger a mi esposa e hijos, ya que los oficiales federales de la Justicia Americana en esta ciudad no los dejan dormir o comer y registran mi casa a voluntad. Respetuosamente le ruego su respuesta. Victoriano Huerta

Alemania ignoró el llamado de ayuda de Huerta. En diciembre, Franz von Papen y Karl Boy-Ed fueron expulsados de los Estados Unidos por conspiración y el 13 de enero, el viejo general murió en su casa después de varias operaciones sin anestesia en el hospital de Fort Bliss. Huerta, que había aparecido de la nada durante la Decena Trágica, desapareció de la historia una vez más. Si hubiera tenido éxito —y había una buena posibilidad de ello si hubiera cruzado la frontera— podría haber cambiado la historia del mundo occidental. Durante años, circularon rumores de que fue envenenado o asesinado en la mesa de operaciones. Victoriano Huerta ahora descansa en un cementerio de El Paso en una humilde tumba.

Capítulo 11. Los Jinetes del Apocalipsis

«Siento que es mi deber decirles que, si no pueden acomodar sus diferencias y unirse para este gran propósito en un plazo muy corto, este gobierno se verá obligado a decidir qué medios debe emplear Estados Unidos para ayudar a México a salvarse y servir a su pueblo».

El presidente de los Estados Unidos Wilson al dirigirse a Villa y a Carranza, en mayo de 1915

La Convención de Aguascalientes no llegó a nada. Las reuniones de la asamblea se trasladaron a la Ciudad de México, pero ni siquiera era la sombra del espíritu de 1914. Prácticamente todos los delegados de Carranza y Villa se habían retirado y volvían a matarse en campos y barrancos. En 1915, con un muro infranqueable entre ambos, la guerra se extendió por todo el país y la revolución volvió a arrasar con las haciendas y los campos de cultivo. El país comenzó a resentir los efectos de cinco años de guerra y el hambre se hizo presente. A medida que cada facción empezó a imprimir su propio dinero para cubrir los gastos de la guerra, los precios subieron exorbitantemente. Carranza imprimió billetes de su gobierno provisional, Villa emitió su propio dinero y Zapata fabricó monedas. Según la región, o la fortuna de cada general, los billetes eran aceptados o rechazados por las tiendas.

Dada la abundancia de billetes sin valor, que la población llamaba «hojas» o «bilimbiques», la gente volvió al trueque. En los días de la inflación más aguda en 1915, el salario de un día de trabajo apenas podía comprar un kilo de papas. Grupos de mujeres desesperadas irrumpieron en las reuniones de la Convención con cestas vacías. Un delegado se levantó y propuso organizar una colecta para enviarlas con algo de dinero, pero las manifestantes gritaron que querían pan, no papel. Pensando en cómo aliviar el hambre, la Convención estableció un puesto de ayuda en el centro para distribuir maíz a la población. Cuando se dio la noticia, miles de personas corrieron al Palacio de Minería e inundaron los patios. Hubo tal caos que la gente tuvo que ser dispersada con balas. A mediados de 1915, grupos de mujeres caminaron por los mercados con cestas vacías, solo para descubrir que las tiendas estaban cerradas. Algunas personas comenzaron a derribar las puertas de las tiendas con hachas y palos, y los dueños de las tiendas defendieron sus propiedades, con disparos desde los tejados. Obregón incluso amenazó con disparar a los comerciantes si escondían productos básicos.

Ese mismo año, una epidemia de tifus azotó el centro del país debido a la malnutrición, la falta de higiene personal, ambiental y la pobreza. A veces la gente se derrumbaba en medio de la calle, con el estómago vacío o el cuerpo destrozado por el tifus. La destrucción y el bloqueo de las carreteras por los ejércitos opuestos, que interrumpieron el suministro de mercancías a la Ciudad de México, no ayudaron. Cada nuevo ejército que ocupaba la capital —primero el de Carranza, después el de Villa y el de Zapata, después el de Obregón, después el de Zapata— agotaba sus escasas reservas, lo que agravaba la situación y generaba miles de mendigos y huérfanos en las calles.

El fin de la División del Norte

Para alivio de muchos, el período más intenso de la guerra civil llegó a su fin en el año 1915, el «año del hambre», con un masivo baño de sangre en el centro de México, donde Pancho Villa sufrió una serie de derrotas contra la estrella en alza, el general Álvaro Obregón.

Primero, Obregón derrotó a los zapatistas en Puebla y entró en la Ciudad de México. Se dejó crecer la barba y dijo que no se la cortaría hasta que Villa fuera liquidado. Obregón tomó otras ciudades en el centro del país y se acercaba cada vez más al Centauro, que también anhelaba el enfrentamiento final para poder acabar con el ejército de Obregón y después destruir el resto de las fuerzas de Carranza. Ambos titanes se reunieron en los alrededores de la ciudad de Celaya. El tiroteo comenzó a las cuatro de la tarde y la lucha duró el resto del día y toda la noche siguiente. Obregón telegrafió al venerable Carranza: «Los asaltos del enemigo son muy brutales. Mientras quede un soldado y una bala, sabré cumplir con mi deber». Al amanecer, los villistas intentaron una y otra vez, sin éxito, asaltar la plaza hasta que Obregón movilizó a dos poderosos grupos de caballería para rodear a los atacantes por el sur y por el norte. La División del Norte, que no tenía reservas, se retiró ordenadamente al principio y luego en total desorden. «Los villistas han dejado el campo sembrado de cadáveres», informó Obregón.

Durante los días siguientes, Obregón consiguió refuerzos y sus tropas alcanzaron los 15.000 soldados. Los generales más experimentados de Villa le aconsejaron evitar el combate y retirarse al norte, ya que el terreno era desigual y lleno de trincheras, pero Villa aún se sentía invencible. El 13 de abril, atacó de nuevo, ahora con un mayor ímpetu, en busca de un punto débil en la defensa. Los villistas agotaron sus fuerzas en asaltos infructuosos y, dos días después, cuando el Centauro ya llevaba 36 horas luchando, Obregón ordenó un contraataque. La periodista mexicana Anita Brenner, que escribió una de las primeras historias de la Revolución mexicana en 1938, dejó una dramática descripción de la batalla final:

> Contra los masivos ataques de la caballería de Villa, la estrategia de Obregón era avanzar muy rápido, detenerse en algún lugar bien fortificado, establecer enredos de alambre de púas y cavar trincheras, en forma de bucle abierto, en las que ponía principalmente a las tropas yaqui que eran el núcleo de su ejército personal. Habían estado luchando durante generaciones, entrenados para ganar o suicidarse. Cuando comenzaba la lucha, los yaquis se acostaban cada uno en una trinchera con su esposa e hijos, quienes le entregaban un arma recargada tan pronto como se terminaba una y, en caso de resultar herido o muerto, su familia seguía disparando. La caballería se disponía a cargar de frente contra los dorados (los villistas) y después a correr, aparentemente encaminados, hacia el circuito abierto, donde los yaquis atrapaban a los dorados que los perseguían. Ellos masacraban la primera oleada, la segunda y, a veces, la tercera. Esta misma clase de trampa acababa con los villistas batalla tras batalla.

Antes de retirarse como un animal herido, Villa tenía un último regalo para el general Obregón. En el fragor de la batalla, una granada golpeó a Obregón y le voló el brazo derecho. Viéndose así mutilado, el apuesto general sacó su arma para suicidarse, pero el arma estaba descargada, ya que su ayudante había olvidado cargarla ese día. Aunque estuvo fuera de combate durante unos días, Obregón volvió para acabar con la invencible División del Norte, como lo había prometido, en las batallas de León y Aguascalientes. Allí arrasó con las fuerzas de Villa y adquirió un nuevo apodo: El Manco de Celaya. Su mano amputada, que el médico guardaba en formalina dentro de un frasco, pasaría a tener una extraña aventura. Mientras tanto, el antiguo plantador de garbanzos vio su estrella alcanzar su punto máximo y finalmente se afeitó la barba, mientras que Villa, con los restos de su ejército, se retiró hacia el norte en un triste desfile. Ya no era una amenaza para Carranza.

Después de Celaya, a medida que aumentaban los rumores de que Villa había sido derrotado, que se había vuelto más violento y que Alemania se había acercado al Centauro con ofertas, los Estados Unidos dieron su reconocimiento oficial al gobierno pre-constitucional de Venustiano Carranza. Con una aceptación algo reacia, el presidente Wilson esperaba detener la guerra civil al sur de la frontera de los Estados Unidos. En mayo de 1917, sin oposición, Carranza ganó las elecciones presidenciales.

Villa estaba furioso, pero, sobre todo, incrédulo. Siempre había exigido respetar la propiedad estadounidense, siempre había tenido una actitud favorable hacia los Estados Unidos, se había hecho amigo de los reporteros y cineastas estadounidenses, e incluso había mirado hacia el otro lado durante la ocupación del puerto de Veracruz en el año 1914. «Declaro enfáticamente que tengo mucho que agradecerle al señor Wilson», dijo Villa a un reportero, «porque esto me libera ahora de la obligación de dar garantías a los extranjeros y, especialmente, a los que una vez fueron ciudadanos libres y ahora son vasallos de un profesor de filosofía evangelista. Por lo tanto, renuncio a toda la responsabilidad en el futuro». Sus palabras fueron una advertencia genuina y sombría.

Capítulo 12. El centauro y el general: la Expedición punitiva de Pershing

Derrotado por las fuerzas de Obregón, traicionado por los Estados Unidos y abandonado por sus generales —entre ellos el preciado general Felipe Ángeles, artífice de sus triunfos y moderador de sus rabietas— el peor de los lados de Villa se apoderó de él. El hombre, que fue descrito como un ángel compasivo y un carnicero, tenía razones para sentirse como una bestia acorralada. A principios de 1916, con Venustiano Carranza al mando de México, Villa se vio reducido a un fugitivo que vagaba por el norte de México en busca de provisiones; no era más que un bandido. Los periódicos que antes lo alababan se referían a él y a sus últimos fieles soldados (los famosos dorados) como meros bandidos.

El 10 de enero, los villistas descarrilaron un tren de pasajeros que se dirigía a un pueblo minero llamado Cusihuiriachi (Cusi, para abreviar). El tren transportaba a dieciocho americanos que habían sido invitados por el gobierno mexicano para reabrir algunas minas. Los villistas abordaron el tren, dispararon a algunos de los americanos a sangre fría mientras aún se encontraban en sus asientos y les robaron el dinero. A otros se los llevaron y les dispararon en el acto. Solo un empresario americano, que se hizo el muerto, sobrevivió y pudo llegar hasta Chihuahua para contar la masacre. Cuando los ciudadanos de El Paso se enteraron de lo que había pasado, se enfurecieron tanto que las autoridades tuvieron que declarar ley marcial para evitar que fueran a matar mexicanos al otro lado del río.

Dos meses después, el 9 de marzo de 1916, a las tres de la mañana, Villa cruzó la frontera de los Estados Unidos con 480 soldados y algunos prisioneros para atacar la pequeña ciudad de Columbus, Nuevo México. Columbus era un asentamiento que luchaba por sobrevivir en el medio del desierto. Tenía un hotel, un banco, una farmacia, una tienda de ropa, una iglesia, unos 300 habitantes y una vía férrea que era su único contacto con el mundo exterior. Mientras Columbus dormía, tres columnas de villistas penetraron en el tranquilo pueblo, gritando, «¡Viva México!» y «¡Viva Villa!» Según algunos testigos, también gritaron: «¡Matemos a los gringos!» Los villistas empezaron a disparar a las casas, forzaron la entrada en los establecimientos comerciales y los saquearon. En el hotel, que se encontraba en el segundo piso de un edificio, los atacantes obligaron a los huéspedes masculinos a bajar las escaleras y los ejecutaron uno por uno, mientras que las mujeres observaban cómo los cadáveres se apilaban en medio de la calle. Los atacantes se apoderaron de caballos, comida, mulas, ropa, cigarrillos, joyas y dulces. El sonido de las ametralladoras se escuchó por toda la ciudad y el fuego era tan intenso que había un brillo fantasmagórico que se desplazaba de una posición a otra. Archibald Frost y su esposa Mary Alice, que tenían una tienda de muebles, se escondieron en su sótano, pero luego lo pensaron mejor y se apresuraron a su garaje para buscar su automóvil. Cuando Archibald intentó encender el motor, los villistas vinieron y le dispararon, pero se las arregló para levantarse y escapar. A mitad de camino hacia Deming, sangraba con tanta intensidad que su esposa Mary Alice tuvo que tomar el volante. A sus espaldas, vieron el resplandor de las llamas que consumían las tiendas y el Hotel

Comercial.

Tras la sorpresa inicial, los habitantes de Columbus formaron barricadas y comenzaron a defenderse. La ubicación de Pancho Villa durante el ataque ha sido objeto de muchas discusiones. Muchos decían que se quedó en el lado mexicano, pero Maude Wright, una mujer que se encontraba prisionera con los mexicanos y fue liberada en Columbus, afirmó que Villa se encontraba en medio de la ciudad, gritando, animando a sus tropas y golpeando con su espada a los soldados caídos o asustados para enviarlos de vuelta a la batalla. Aunque los soldados del campamento americano habían sospechado de que Villa planeaba algo, reaccionaron muy tarde. Al amanecer, lograron expulsar a los atacantes y los persiguieron más allá de la frontera. Villa, según los testigos, se quitó el sombrero y lo sacudió desafiante, despidiéndose de las tropas americanas que lo seguían.

En los Estados Unidos, la indignación golpeó al país como un rayo y voces atroces exigieron intervenir militarmente. En cuestión de días, casi 10.000 soldados estaban estacionados a lo largo de la frontera con México y los primeros aviones de guerra comenzaron a sobrevolar el estado de Chihuahua. Las razones de Villa para atacar a una población tan pequeña y matar a inocentes en medio de la noche han sido muy debatidas. Según los propios villistas, muchos de los cuales fueron entrevistados décadas después cuando ya eran ancianos, Pancho Villa estaba indignado porque creía que Carranza había vendido el país para convertirlo en un protectorado de los Estados Unidos. Villa había prometido a sus hombres que irían a Washington. «Los Estados Unidos quieren tragarse a México: veamos si se ahogan con él en la garganta». En cualquier caso, Villa no podía ser tan ingenuo como para pensar en invadir la Unión Americana, pero podía vengarse por lo que percibía como traición. Otros, como el eminente historiador Friedrich Katz, ven la mano de Alemania detrás del ataque y razonan que el káiser esperaba provocar una guerra en América del Norte que desviaría los recursos de los Estados Unidos. Se ha ofrecido una tercera explicación, que es que Villa quería castigar a un traficante de armas de Columbus que le vendió armas defectuosas y contribuyó a su rotunda derrota en Celaya. La explicación final posiblemente tiene una combinación de las otras dos mezcladas allí. Los testigos insisten en que los villistas buscaron por todas partes al traficante de armas llamado Sam Ravel, que, por suerte, se encontraba en El Paso. Hay una gran cantidad de pruebas de la relación de Villa con Alemania y de su creencia en que Carranza se había vendido a los Estados Unidos. En 1975, una carta de la época del ataque en Columbus fue descubierta por Katz. En ella, Villa invita a Emiliano Zapata a unir sus fuerzas para invadir los Estados Unidos. Los extractos más significativos dicen:

> Mis proyectos se vieron obstaculizados, porque el enemigo [Carranza] tuvo el apoyo indebido y desvergonzado del gobierno norteamericano [...] la integridad e independencia de nuestro país está a punto de perderse si nosotros, todos los mexicanos honestos, no nos unimos en armas para impedir la venta de nuestra patria, y ustedes ya deben conocer los tratados que Carranza acordó con el gobierno de Washington [...] ya que el movimiento que tenemos que hacer contra los Estados Unidos solo puede llevarse a cabo [aquí] en el norte, y en vista de que no tenemos barcos, le ruego que me diga si está de acuerdo en venir aquí con todas sus tropas, en qué fecha y tendré el placer de ir personalmente a su encuentro, y juntos emprenderemos la labor de reconstruir, ennoblecer México y castigar a nuestro eterno enemigo.

El ataque en Columbus representa el punto más bajo de Villa, que de otra manera fue una figura heroica; este ataque no logró nada, se cobró vidas inocentes y casi provocó una guerra internacional. En los Estados Unidos, muchas voces indignadas y oportunistas pidieron una nueva intervención para castigar a México, pero con la Primera Guerra Mundial en Europa, el presidente Woodrow Wilson sabía que el camino de la prudencia era de suma importancia. Sin embargo, los Estados Unidos aprobaron una expedición bajo el mando del general John J. Pershing y varios miles de hombres para capturar a Villa. Carranza también envió un numeroso grupo de hombres para cazar al Centauro del Norte.

El ejército de Pershing creció hasta alcanzar los 10.000 hombres, que se desplegaron en tres columnas que incluían infantería, caballería, artillería de campo y ocho aviones. El general americano condujo a sus hombres 1126 kilómetros al interior de México a través de llanuras tan desoladas y monótonas que las fotos de la expedición recuerdan a las tomadas por Roald Amundsen en su viaje al Polo Sur cuatro años antes. Los primeros enemigos de Pershing fueron frecuentes tormentas de polvo, enjambres de moscas y el aburrimiento de sus tropas. «¿Dónde está Pancho Villa?», preguntaba Pershing en su español roto en cada rancho y pueblo de las montañas, solo para obtener información engañosa o extremadamente confusa de los aldeanos. En varias partes del estado de Chihuahua, Pershing encontró bandas de villistas y los combates se produjeron en la Ciudad Guerrero a finales de marzo, en Aguascalientes el 4 de abril, y en Parral el 11 de abril, cuando la población civil empezó a atacar a los americanos. La incursión de Pershing incrementó la menguante popularidad de Villa entre los mexicanos del norte, quienes daban a Pershing las direcciones equivocadas cuando preguntaba dónde se encontraba el bandido. Estos eventos fueron seguidos por un urgente intercambio de notas diplomáticas y luego una conferencia entre los generales Hugo L. Scott, el jefe del estado mayor del ejército de los Estados Unidos y Álvaro Obregón.

En una lucha con un general carrancista, Francisco Bertani, Villa fue herido en la pierna por uno de sus propios hombres, que trató de traicionarlo cuando creyó que Villa estaba acabado. El Centauro cayó de su caballo, sangrando, pero para su buena suerte, el enemigo no se dio cuenta. Durante casi tres meses no se supo nada de él y los periódicos repitieron el rumor de que había muerto. Carranza envió un grupo para encontrar la supuesta tumba de Pancho Villa en las montañas, con la ayuda de guías que decían conocer la ubicación de la tumba improvisada. Pero el Centauro no estaba muerto. Sus hombres lo habían llevado con infinitas dificultades a lomos de un burro a una cueva secreta entre las montañas, cuyo paradero solo lo conocían un puñado de sus más fieles compañeros. Cubrieron la entrada con ramas y lo dejaron solo, únicamente lo visitaban para traerle comida. Durante seis semanas, lo alimentaron con unos puñados de arroz y algo de azúcar, mientras su fémur roto se iba curando. El agua potable se tenía que recoger a quince kilómetros de la cueva. Su pierna se hinchó, goteaba pus y el Centauro sufrió de una manera indescriptible.

Carranza, mientras tanto, ejerció una intensa presión diplomática para poner fin a la expedición de Pershing. En medio de Chihuahua, numerosas tropas mexicanas se reunieron con la orden de detener el avance estadounidense. A Pershing se le notificó, pero él se negó a retroceder. El 21 de junio de 1916, los ejércitos se encontraron. El capitán Charles T. Boyd y el general mexicano Félix Uresti intercambiaron advertencias, se gritaron mutuamente y se retiraron para prepararse para la batalla. El enfrentamiento ya no era entre los hombres de Pershing y los villistas, sino entre los ejércitos estadounidense y mexicano. La escaramuza duró más de tres horas y tensó las relaciones entre las dos naciones hasta el punto de ruptura. Los halcones de los Estados Unidos tocaron los tambores de guerra y el presidente Wilson envió buques de guerra a ambas costas mexicanas.

Al principio, las conferencias de paz se estancaron porque Carranza exigió la retirada de las tropas estadounidenses como condición absolutamente necesaria, mientras que el presidente Wilson, por otro lado, no quería parecer débil ante el gobierno mexicano. Finalmente, se firmó un tratado según el cual la Expedición punitiva abandonaría el país. La inminente ruptura de las relaciones entre los Estados Unidos y Alemania contribuyó al acuerdo. Villa, mientras tanto, permaneció escondido en una cueva en la salvaje Sierra Madre.

«Tengo el honor de informarles», Pershing escribió en su informe al final del día, «que Francisco Villa está en todos lados y en ninguno». La Expedición punitiva regresó a los Estados Unidos sin haber cumplido su objetivo. En privado, el famoso líder militar admitió más tarde que «cuando se escriba la historia, no será un capítulo muy inspirador para que alumnos de escuela, o incluso los adultos, lo contemplen. Habiendo entrado en México con la intención de comerse a los mexicanos crudos, nos volvimos tras la primera repulsa y ahora nos escabullimos a casa a escondidas, como un perro azotado con el rabo entre las piernas». Pershing fue probablemente demasiado duro consigo mismo. Gracias a la Expedición punitiva, los Estados Unidos estiraron sus músculos e implementaron nuevas tácticas, experimentaron con nuevas armas en México (incluidos vehículos mecánicos en lugar de caballería) y, por primera vez, desplegaron sus aviones militares. Fue un calentamiento para lo que venía el año siguiente. Los generales americanos recibieron un buen entrenamiento de campo, entre ellos un joven llamado George S. Patton. Pershing se convertiría en el comandante de su país de las Fuerzas Expedicionarias Americanas en el Frente Occidental durante la Primera Guerra Mundial.

Capítulo 13. El telegrama de Zimmermann

En busca de legitimidad para su gobierno, Carranza convocó un Congreso Constituyente a finales del año 1916 para redactar una nueva constitución. La asamblea no se reunió en la Ciudad de México sino en Querétaro, a 200 kilómetros al norte de la capital, que fue escogida simbólicamente por ser el lugar donde se fusiló al emperador extranjero Maximiliano de Habsburgo. Para el descrédito de Carranza, no invitó ni a los villistas ni a los zapatistas, pero en un acto de justicia poética, muchos constituyentes formaron un ala radical y progresista —que Carranza nunca había esperado— que incorporó muchas de las ideas de Zapata en el documento. Este fue el legado de la Convención de Aguascalientes. Muchos constituyentes entendieron que, si no se incluían reformas progresistas, los últimos siete años de su lucha habrían sido en vano y que serían desleales a miles y miles de campesinos cuya sangre había sido derramada.

La Constitución mexicana se aprobó el 5 de febrero de 1917 y fue la primera en el mundo en garantizar los derechos sociales a los trabajadores y campesinos, estableciendo las bases para la reforma agraria y el empoderamiento de la clase obrera. Según el libro *Enciclopedia of World Constitutions*, «se puede afirmar que el constitucionalismo social o el estado de derecho socialdemócrata se inspiró en esta constitución y en otras, como la Constitución de Weimar de 1919 o la Constitución rusa de 1918». La democracia no es solo un régimen político sino un modo de vida, basado en constantes mejoras económicas, sociales y culturales para el pueblo. México tendría que recorrer un largo camino para lograr este ideal. La Constitución solo señalaba la ruta que tenía que tomar. Mientras tanto, el país tenía una urgente necesidad de terminar la fase armada de la Revolución mexicana y avanzar, como diría el presidente Plutarco Elías Calles unos años después, hacia una revolución de las mentes. En el año de la nueva constitución, un desconcertante incidente internacional que involucró a Alemania, México y Estados Unidos ocurrió en la parte final de la Revolución mexicana, que cambió la historia del siglo XX. En enero de 1917, mientras se redactaba la nueva constitución, el servicio de inteligencia británico interceptó un telegrama enviado por el secretario de asuntos exteriores alemán Arthur Zimmermann al embajador alemán en México, Heinrich von Eckardt. Cuando los británicos mostraron el papel a la embajada de los Estados Unidos en Londres, los estadounidenses pensaron que se trataba de una broma. Pero una vez que se enteraron de que era auténtico y su contenido se difundió en la prensa estadounidense, el pueblo americano se indignó. En el telegrama, Arthur Zimmermann instruía al embajador para que comenzara las negociaciones con el presidente Carranza para que, con el apoyo alemán, México pudiera declarar la guerra a los Estados Unidos. A cambio, obtendría un «generoso apoyo financiero» y, si las potencias centrales ganaban la Primera Guerra Mundial, México recuperaría los estados de Texas, Nuevo México y Arizona, los territorios que había perdido en el año 1847. El telegrama, descifrado por la inteligencia de Gran Bretaña, decía:

Tenemos la intención de comenzar el primero de febrero la guerra submarina sin restricciones. A pesar de ello, nos esforzaremos por mantener a los Estados Unidos de América neutrales. En caso de que esto no tenga éxito, le haremos a México una propuesta de alianza sobre la siguiente base: hacer la guerra juntos, hacer la paz juntos, un generoso apoyo financiero y un acuerdo por nuestra parte de que México reconquistará el territorio perdido en Texas, Nuevo México y Arizona. El acuerdo en detalle se deja a su criterio. Informará al presidente de lo anterior de forma muy secreta tan pronto como el estallido de la guerra con los Estados Unidos de América sea seguro y añadirá la sugerencia de que, por iniciativa propia, invite a Japón a adherirse inmediatamente y, al mismo tiempo, a mediar entre Japón y nosotros. Por favor, llame la atención del presidente sobre el hecho de que el despiadado empleo de nuestros submarinos ofrece ahora la perspectiva de obligar a Inglaterra dentro de unos meses a hacer la paz.

Firmado por ZIMMERMANN

Por supuesto, el telegrama solo era útil si su contenido permanecía secreto para los Estados Unidos y sus aliados. Después de aparecer en la portada de todos los periódicos del mundo, se volvió prácticamente inútil, ya que se trataba de un esqueleto sacado del armario. Si Carranza se enteró de su contenido por el periódico como todos los demás o a través de su ministro de asuntos exteriores, Cándido Aguilar, no se sabe, pero es un hecho que el presidente de la larga barba blanca al menos consideró la posibilidad de aprovechar el día y conseguir algo de Alemania. Carranza envió a su ministro de asuntos exteriores, Aguilar, a hablar con Heinrich von Eckardt, el enviado del gobierno alemán a la Ciudad de México, y a preguntarle si Alemania podría proporcionarle armas. Pocos días después de que se divulgara el telegrama, Alemania ofreció, a través del capitán

Ernst von Hülsen, proporcionar 30.000 rifles, 100 ametralladoras, seis cañones de montaña y cuatro obuses. Esto claramente no era suficiente para declarar la guerra a los Estados Unidos, pero sí para crear una distracción continental. Von Hülsen sabía que sería imposible enviar armas a México debido al bloqueo británico, por lo que propuso que, en lugar de barcos con armamento, Alemania enviara dinero en efectivo a Carranza para que pudiera comprar las armas en Sudamérica. Se estableció una cantidad de treinta millones de marcos y no está claro si este dinero cambió alguna vez de manos desde Berlín a la Ciudad de México.

Carranza también estableció una comisión para investigar si México debería aceptar los términos más serios del telegrama: unirse a las potencias centrales y declarar la guerra a los aliados. Los alemanes prometieron más dinero y armas para ayudar a luchar contra los Estados Unidos, pero lo más probable es que Carranza estaba simplemente jugando con los alemanes al tratar de obtener fondos de cualquier fuente que pudiera, con el fin de consolidar su poder con un mínimo de compromiso. El presidente mexicano no era el único hombre que jugaba con ambos lados de la ecuación. Eckardt comenzó a reunirse en secreto con los otros generales para derrocar a Carranza. El 14 de abril de 1917, Carranza finalmente rechazó la propuesta de Zimmermann, pero no cerró todas las puertas. «Si México es arrastrado a la [primera] guerra mundial a pesar de todo, ya veremos. Por ahora la alianza fracasó, pero será necesario más adelante en un momento dado».

México seguía siendo una nación neutral, pero el telegrama de Zimmermann lanzó a los hasta entonces neutrales Estados Unidos a la Primera Guerra Mundial y, como resultado, los Estados Unidos desviaron su atención de México para siempre. Carranza se estableció así firmemente en la presidencia. Villa estaba fuera de la vista, sin ejército, y perseguido como un bandido. Obregón se había retirado a la vida privada en su rancho y Huerta estaba muerto. Solo quedaba una pequeña molestia: Zapata, que había sobrevivido en el sur, al resistir a las incursiones armadas, incendios y sobornos. Incluso la Fuerza Aérea Mexicana encontró su primer uso militar contra los zapatistas. Así que Carranza decidió asesinarlo.

La muerte de Zapata

Al igual que Villa, Zapata era una celebridad internacional, una combinación de bandido y héroe popular, un campesino con un enorme sombrero que la gente miraba con una mezcla de miedo y reverencia, un hombre al que su tiempo no comprendía. Su reconocimiento como luchador social solo vendría después de su muerte. Sus críticos lo vieron como una amenaza al orden y a la decencia. «Zapata parece pertenecer a otro siglo», escribió el New York Times a principios de 1919. «Salvaje, presumido, aficionado a cargar su persona con diamantes y oro, polígamo, patriarca del bandolerismo, que cumple con la idea de un ladrón salido del libro». Zapata nunca había pensado en términos nacionales sino en términos locales. Así, mientras Carranza y su mano armada, Obregón, se ocupaban de Pancho Villa, Zapata era libre de materializar su programa social y repartir tierras entre los campesinos de Morelos.

El estado de Morelos, la sede de Zapata, experimentó la paz por primera vez en años. Los campesinos, ahora en posesión de sus tierras, ya no sembraban azúcar o arroz para las haciendas, sino maíz, frijoles, garbanzos, cebollas y chile para sus familias. Sus comunidades renacieron durante este período, según John Womack, uno de los biógrafos más distinguidos de Zapata: «Incluso se negaron a permitir que se cortara madera para las vías férreas y el combustible, o a dar permiso para sacar agua para las locomotoras. Para los acosados funcionarios de la Ciudad de México esto era obra de campesinos malvados y supersticiosos. Pero los morelianos entendieron la cuestión de otra manera: los antiguos contratos con las haciendas y los ferrocarriles ya no eran válidos; la madera y el agua ahora les pertenecían».

La utopía no duró mucho tiempo. Libres de Villa, los carrancistas se dirigieron al sur con espías y agitadores y, en octubre de 1917, volvieron de nuevo con soldados. A lo largo del año 1918, los zapatistas, la última facción rebelde, sufrieron una cacería implacable por parte del ejército. Anita Brenner comentó en su historia de la revolución, «En el país azucarero, Zapata se enfrentó al general del gobierno Pablo González, quien luchó con el método de "tierra quemada": destruyó todos los pueblos que pensó que podrían albergar a los zapatistas y mató a todos los hombres». Al igual que Villa, Zapata era ahora un fugitivo. A menudo, usaba un doble para las reuniones. Algunos de sus hombres, desesperados, tomaron la amnistía del gobierno, mientras que otros, decepcionados y enojados, castigaban a los traidores.

Finalmente, en abril de 1919, el ejército le tendió una emboscada. Los hombres de Zapata le dijeron que un coronel muy apto llamado Jesús Guajardo se había separado de Carranza. Zapata calculó que, si tenía a Guajardo de su lado, podría fortalecer su reducido ejército. Le envió una carta con una invitación para unirse a sus tropas. Guajardo había declarado que estaba en rebelión y había tomado el pueblo de Jonacatepec, donde disparó a los traidores de Zapata, pero sus acciones fueron un engaño cuidadosamente planeado. Sus espías advirtieron a Zapata de una posible traición, pero él les ignoró. El 10 de abril, el líder sureño bajó de las montañas con una escolta de treinta hombres para reunirse con Guajardo en la hacienda de Chinameca.

El general ordenó a sus hombres que esperaran afuera; él mismo entró acompañado de solo diez guardias. En el patio, los soldados formaron una fila para presentar las armas. Una corneta llamó tres veces. Cuando el instrumento se silenció, todos los hombres en formación abrieron fuego al mismo tiempo. Zapata cayó. Estaba muerto, en ese momento. La noticia trajo una gran alegría al gobierno, pero lágrimas a los pueblos del sur de

México. Carranza ascendió a Guajardo a general de división y le dio un premio de 50.000 pesos en monedas de plata.

El cuerpo fue trasladado en mula a Cuautla, la capital del estado de Morelos, donde se le fotografió y exhibió para que la gente se convenciera de que el líder sureño realmente había muerto. El sentimiento que prevalecía entre la gente común era el de la incredulidad. Zapata tenía solo 39 años. Una de las pocas fotografías existentes del cadáver de Zapata cuando se exhibió en la plaza principal de Cuautla lo muestra con su camisa blanca completamente oscurecida por la sangre. Su expresión es pacífica, como si estuviera dormido. Con su cuerpo roto, Zapata yace en el regazo de cuatro hombres —probablemente zapatistas— cuyas expresiones son similares a las de los santos en un arrebato místico. Uno de ellos mira al cielo, el mentón del otro se apoya en el cabello de Zapata, un tercero reclina su lado izquierdo en la frente del líder, y el cuarto campesino, con intensos rasgos indígenas, mira a la cámara con una expresión de indignación. Dos días después, a Zapata lo enterraron en el cementerio de Cuautla. Según un reportero que estaba cubriendo la historia, cuando llegó el cortejo fúnebre, había una anciana desconocida esperando junto a la tumba, de rodillas. Los enterradores bajaron el ataúd, pero antes de tirar la tierra, la mujer se levantó, tomó un poco de polvo y lo tiró sobre el ataúd. Luego se retiró, secándose las lágrimas con la punta de su chal, una perfecta metáfora del estado en que se encontraban esas comunidades.

La ropa ensangrentada de Zapata se exhibió en una calle de la Ciudad de México, fuera del local de un periódico. Muchos en Morelos no se lo creyeron; dijeron que, en realidad, se trataba de su doble que había sido asesinado, ya que al cuerpo le faltaba una cicatriz y los dedos del cadáver eran más cortos. Durante muchos años, incluso hasta la década de 1940, la gente de las montañas del sur afirmaba haber visto a Zapata en su caballo.

Emiliano Zapata muerto. Fotógrafo desconocido, 1919. Publicado originalmente en el periódico Excelsior, México
https://commons.wikimedia.org/wiki/File:El_cad%C3%A1ver_de_Emiliano_Zapata_exhibido_en_Cuautla,_Morelos.jpg

Carranza, ahora satisfecho, no tenía ni idea de que se uniría a Zapata en la tumba al año siguiente. En 1920, el año de las elecciones presidenciales, propuso como candidato a la presidencia a un civil, un casi desconocido de apellido Bonillas. Aparentemente, este fue el pretexto para que un grupo de generales del norte se uniera a una rebelión para eliminar a Carranza. Un general popular pasó a primer plano: Álvaro Obregón, que además de plantar más garbanzos, había estado meditando sobre sus ambiciones políticas. La rebelión contra Carranza, la última de una larga serie de diez años, se prendió como un fuego sobre la hierba seca. En mayo de 1920, el patriarca salió de la capital con el tesoro nacional rumbo a Veracruz, como lo había hecho antes, pero había llegado su hora. Su tren descarriló, y Carranza desmontó con sus hombres de mayor confianza y continuó a caballo, pasó por algunos ranchos, cruzó un río y finalmente llegó a un lugar llamado Tlaxcalantongo. En la noche del 21 de mayo de 1920, mientras dormía en una cabaña, un grupo de traidores a caballo se dirigió a su cabaña. «Licenciado, ¡me han roto la pierna!», fueron sus últimas palabras. El hombre de la larga barba blanca estaba muerto. Según la historia oficial, los traidores lo mataron, pero opiniones más recientes, basadas en el análisis de sus ropas, dicen que Carranza prefirió el suicidio antes que verse en manos de sus enemigos.

Con su muerte, se cerró el ciclo. En la actualidad, Carranza fue el último presidente de México en ser derrocado o en no poder terminar su mandato, un destino por el que pasaron prácticamente todos los presidentes de México en los últimos cien años anteriores a él. También fue el único presidente que fue asesinado durante su mandato. El 1 de diciembre de 1920, exactamente diez años después del comienzo de la Revolución mexicana —menos diez días— el último jugador en el campo, Álvaro Obregón, asumió la presidencia de la república. Posiblemente el general más hábil de la historia de México, Obregón había ganado todas sus batallas y finalmente se había convertido en el vencedor de la guerra más larga de su país. Y tan solo había perdido un brazo.

Capítulo 14. Las secuelas

Tras una década de combates y entre uno y tres millones de muertos (la cifra aún se discute), la Revolución mexicana, que en un principio había empezado para restablecer la democracia y luego para regenerar la economía del país, resultó ser la guerra más costosa y con más víctimas de la historia de México. Pero la larga lucha hizo que se tomara conciencia de la necesidad de justicia social, desde la distribución de la tierra, la reforma laboral y la educación para el pueblo. Los ideales promovidos por los combatientes como Madero, Villa, y, especialmente, Zapata se plasmaron en la nueva Constitución promulgada en el año 1917, que aún hoy rige el país.

La Revolución mexicana, un evento decisivo en la formación de la filosofía, la economía e incluso el desarrollo artístico de México del siglo XX, fue, según las palabras del distinguido historiador Alan Knight, uno de esos «relativamente raros episodios de la historia en los que el pueblo influyó profundamente en los acontecimientos». Trajo consigo el surgimiento de las clases populares y el desplazamiento de la oligarquía que había regido el destino del país durante casi todo el siglo XIX. Por primera vez, los campesinos y las clases trabajadoras se posicionaron como una verdadera fuerza política con influencia en el desarrollo del país. El nuevo Estado, nacido en el año 1920 cuando las balas dejaron de volar y se asentó el polvo, no era democrático en todo el sentido de la palabra, pero era nacionalista y popular, no xenófobo; era revolucionario, pero con instituciones estables. La Revolución mexicana engendró a líderes autoritarios, pero eran hombres forjados en el campo de batalla, con una conciencia social y voluntad de luchar por la justicia y la igualdad económica.

Desde el punto de vista económico, la Revolución mexicana fue como una segunda guerra de la independencia: retrasó el proceso de los grandes consorcios extranjeros que se apoderaron de la economía del país. La expresión *apoderarse de la economía del país* puede parecer exagerada, pero si se observa la historia de México a través de lo que los historiadores llaman análisis de ciclo largo, es evidente que las potencias extranjeras, especialmente los Estados Unidos, avanzaban lenta e inexorablemente dentro del país. Se trataba de una nueva forma de apropiación, que ya no era una conquista territorial sino económica, a través de las inversiones extranjeras y la explotación intensiva de los recursos naturales. En el año 1910, cuando Francisco Madero hizo el llamado a las armas, los consorcios extranjeros controlaban el territorio mexicano e incluso las decisiones políticas, y los trabajadores y las empresas nacionales dependían cada vez más del ciclo de negocios de los Estados Unidos. Porfirio Díaz trató de frenar ese proceso acercándose a Europa, pero la Revolución mexicana aplicó los frenos. La Revolución mexicana influyó en otros movimientos populares de toda América, como el de Nicaragua y posiblemente el de Cuba.

Desde el punto de vista diplomático, la revolución también tuvo un logro: siempre a la sombra del país más poderoso del mundo, los Estados Unidos, la Revolución mexicana liberó a México de la mano estadounidense. En palabras de Frank Tannenbaum, uno de los primeros historiadores de la Revolución mexicana en los años 30, llevo a casa «el reconocimiento de que los mexicanos eran dueños de su propia casa», con lo que se puso fin al temor, siempre presente, de ser absorbidos por la primera potencia mundial del planeta.

La mayoría de los grandes revolucionarios iniciales no vivieron para ver el resultado de su lucha, pero sus seguidores más jóvenes, los que cabalgaron con Madero, Villa y Zapata —gente como Lázaro Cárdenas, Salvador Alvarado y José Vasconcelos— crearon la nueva nación mexicana. Después de cien años de calamidades, el país encontró una ruta que podía acomodar a todos.

Epílogo. La cabeza de Pancho Villa y la mano de Obregón

¿Y qué fue lo que le pasó a Pancho Villa? En 1920, cuando murió su enemigo Carranza, Villa era una sombra del gran general que una vez había barrido México. Durante cuatro años, recorrió los caminos y pasajes entre las montañas del norte de México con unos pocos cientos de hombres, robando y asaltando fincas y pueblos para sobrevivir. Los americanos lo buscaban y pusieron precio a su cabeza; los carrancistas también lo buscaban y los nuevos líderes de México, Álvaro Obregón y sus hombres de Sonora desconfiaban de él. Villa podía ser un bandido, pero era un gran peso pesado de la revolución que aún vivía y había demostrado su capacidad para reunir a la gente a su alrededor. El presidente provisional, Adolfo de la Huerta, subió la recompensa para la captura Pancho Villa, ya esté vivo o muerto.

En el año 1920, Villa decidió negociar. Se concertó una reunión, pero cuando el enviado del gobierno intentó matarlo, Villa proclamó que las cosas no habían cambiado y que iba a continuar la lucha. Sin embargo, estaba seguro de que la nueva generación no sabía qué hacer con él, si matarlo o rendirle honores. Cruzó el desierto, se apoderó de más armas y provisiones donde nadie esperaba verle y, desde una posición de fuerza, le hizo una nueva propuesta al presidente Adolfo de la Huerta. El presidente, deseoso de pacificar el norte, le ofreció la hacienda de Canutillo y como escolta personal a cincuenta hombres pagados por el gobierno, aunque exigió que Pancho se retirara completamente de las actividades políticas. Aunque al principio se mostró reacio, Álvaro Obregón, que en pocos meses sería el nuevo presidente de México, aceptó el pacto e hizo las paces con Villa. El gobierno de los Estados Unidos acogió con agrado el acuerdo porque eso significaba que la paz llegaría finalmente a México. Para el alivio del gobierno mexicano, los Estados Unidos no solicitaron la extradición de Pancho Villa. El único que protestó amargamente fue el secretario de guerra británico, Winston Churchill, que lo llamó asesino y lanzó amenazas contra México si no se buscaba justicia por la muerte de un ciudadano británico en 1914.

Villa marchó triunfante con sus últimos hombres de Coahuila a Durango para entrar en su refugio, donde pasaría sus últimos años como un simple granjero. Mucha gente salió a verle y a animarle en su marcha. Ese hombre había barrido todo el norte de México en respuesta a la llamada de Madero; apenas había escapado de ser fusilado por Victoriano Huerta, había huido de una prisión de la Ciudad de México, había formado el ejército más grande de la historia de su país, se había sentado en la silla presidencial y la había despreciado, se había convertido en el más querido de América solo para luego caer en desgracia, había invadido los Estados Unidos y se había convertido en un bandido perseguido por el ejército de los Estados Unidos. Pero en el fondo de su corazón, Villa tenía el sueño de que una vez que los dictadores cayeran y se hiciera justicia con el pueblo, podría retirarse y «cultivar maíz y criar ganado hasta que muriera entre sus compañeros que habían sufrido tanto con él» según sus palabras al periodista John Reed. «Solían llamarme bandido y supongo que algunos todavía me llaman así», le dijo a otro periodista, Edmond

Behr. «Mi corazón está limpio. Mi única ambición era liberar a México de la clase [social] que lo había oprimido y darle al pueblo la oportunidad de saber lo que significa la verdadera libertad».

Los últimos 800 villistas entregaron sus armas al gobierno federal y Villa ocupó una hacienda de 64.000 hectáreas en el estado de Durango, una zona bien regada y fértil, lo suficientemente lejos como para proporcionarle una cierta protección. A lo largo de toda su trayectoria, había hecho suficientes enemigos como para saber que su seguridad era uno de los elementos más delicados a tener en cuenta. En la hacienda, Villa y sus hombres reconstruyeron los edificios, establos y bodegas deteriorados. Pusieron líneas telefónicas, un molino y una escuela para 300 estudiantes, para las docenas de hijos que Villa tenía con diferentes esposas, además de los hijos de sus soldados y los de los pueblos vecinos. Bautizó la escuela con el nombre de Felipe Ángeles, su difunto y fiel general. «Si yo estuviera a cargo de las cosas», le dijo al periodista Frazier Hunt, «construiría muchas escuelas en ciudades y pueblos, y también pondría una escuela en cada rancho». A veces Villa estaba presente en el aula y les pedía a los profesores que le leyeran biografías de hombres conocidos. Otro periodista que visitó la hacienda vio que la *Divina Comedia* de Dante y un texto de geografía eran algunos de sus libros de cabecera.

Villa impuso condiciones estrictas a todos los que vivían en la hacienda de Canutillo. La campana sonaba a las cuatro de la mañana y todos tenían que trabajar la tierra. Villa supervisaba el trabajo y a veces tomaba el yugo él mismo. Castigaba severamente cualquier robo con la ejecución. Decía a sus hombres que quería poder dejar una bolsita de oro en un lugar y encontrarla en el mismo lugar cuando regresara, y les advertía que, si les había enseñado a matar y robar, quería que se rehabilitaran. El *New York Times* publicó: «Pancho Villa, el antiguo bandido, es un ranchero pacífico, trabajador y satisfecho, sin ambiciones políticas e imbuido de un sincero deseo de ayudar a su pueblo». Fiel a su palabra, se mantuvo alejado de la política, y si algún conspirador le visitaba para convencerle de iniciar otra revolución, se lo entregaba a Álvaro Obregón. El manco de Celaya se alegró de estas muestras de obediencia del único general que podía hacerle sombra. A diferencia de su jefe Carranza, Obregón era un hombre práctico, con un olfato político, un sentido de la oportunidad y un carisma personal indiscutible. Cuando llegó a la presidencia en 1920 —con una barriga más prominente, una línea de cabello que retrocedía y un bigote puntiagudo que empezaba a volverse blanco— ya no era el apuesto general de la Revolución mexicana que había ganado sus batallas con su ejército de indomables yaquis. Sin embargo, mantuvo su habilidad para navegar en aguas difíciles.

En 1922, cuando más generales se preparaban para las elecciones presidenciales, Villa, una leyenda viva, cometió el error de hablar de política con un periodista. Aún peor, lanzó una amenaza velada. «Soy un verdadero soldado», dijo. «Puedo movilizar a 40.000 soldados en 40 minutos. Hay miles de mexicanos que siguen siendo mis seguidores». Y luego le dio su apoyo al candidato Adolfo de la Huerta, el hombre que le había perdonado, y no a Plutarco Elías Calles, el candidato designado por el presidente. El 20 de julio de 1923, Villa se subió a su automóvil con cuatro escoltas y se dirigió a la ciudad de Parral, a ochenta kilómetros de distancia. Villa y sus guardias notaron que las calles de Parral estaban inusualmente desiertas. En algún momento, un anciano pasó delante del automóvil y gritó: «¡Viva Villa!» y entonces se oyeron disparos desde todas las direcciones, que atravesaron el vehículo. Villa recibió cuatro disparos, pero para asegurarse, uno de sus asesinos fue al destrozado Ford y le disparó en la cabeza. Una niña horrorizada de trece años vio la escena, y corrió por las calles de Parral, gritando: «¡Acaban de disparar a Pancho Villa!». El hombre que se creía invencible yacía con el cuerpo atravesado en una posición horrorosa, la mitad de él salía por la ventanilla del auto.

El cadáver se exhibió en el Hotel Hidalgo de Parral. Alguien le había quitado la camisa y la expresión de su cara era de un profundo agotamiento.

A Villa lo enterraron en Parral, pero incluso después de su muerte, demostró que podía estar, como diría Pershing, en todas partes y en ninguna. En 1926, encontraron que la tumba había sido profanada y el ataúd destruido. El cuerpo estaba allí, pero la cabeza había sido retirada. Nunca se recuperó. ¿Quién estaba interesado en la cabeza de Pancho Villa? Las teorías abarcan desde el gobierno estadounidense, la Universidad de Yale, una casa de subastas y uno de los múltiples enemigos de Villa. La reputación de Villa permaneció como bandido en la historia oficial hasta la década de 1970, después de haber pasado suficiente tiempo, cuando el resto del cuerpo fue exhumado y llevado a un lugar de honor en la Ciudad de México: el emblemático Monumento a la Revolución. O eso creían. En 1931, una de sus viudas, por temor a que los ladrones de tumbas siguieran profanando su tumba y su cuerpo, colocó los restos de Villa en una tumba no señalada y los reemplazó por los de una mujer anónima que había muerto de cáncer en el hospital de Parral. Cuando abrieron la tumba en 1976, encontraron joyas y fragmentos de un vestido de mujer.

La mano que Álvaro Obregón había perdido en su enfrentamiento final con Villa en el centro de México también tuvo una aventura macabra. Cuando su médico Enrique Osornio le amputó el brazo en el campo de batalla, entre las balas volantes, guardó la mano del general en un frasco con formalina. La mano llegó al Estado de Sinaloa, y al no saber qué hacer con ella, el médico se la entregó a un militar amigo de Obregón, quien le dijo que no estaba muy interesado en conservarla. En un extraño giro del destino, el frasco fue robado por una prostituta, y la mano cortada terminó en un burdel en el centro de la ciudad de México, donde el mismo médico que le amputó el brazo la encontró años después. La tomó y se la dio a un antiguo colaborador de Obregón, quien convenció al presidente Lázaro Cárdenas (1934-1940) de que construyera un monumento a la mano en el restaurante donde Obregón fue asesinado en 1928. El restaurante fue derribado y el lugar se convirtió en un macabro mausoleo que mostraba la mano derecha del líder, que para entonces ya era amarilla, engarzada, deforme e inflada como un globo. Permaneció allí durante muchos años hasta que sus descendientes, seguramente horrorizados por ese monumento indescriptible, pidieron la mano y la cremaron en 1989.

El «villano» de esta historia, Victoriano Huerta, descansa en una modesta tumba en el cementerio Evergreen de El Paso, Texas, a menos de una milla de la frontera, aún sin poder llegar a su país. Por la noche, la tumba recibe visitas de miembros de asociaciones paranormales de El Paso porque le atribuyen poderes y creen que, desde la tumba, Huerta sigue irradiando «fuerzas malignas».

De alguna manera, la extraña historia sobre la cabeza de Pancho Villa, la mano de Obregón y la tumba de Huerta son metáforas de la Revolución mexicana: sus héroes y villanos, sus muertos y enterrados, sus hazañas y delitos, ahora extinguidos, siguen inspirando respeto, miedo, curiosidad y devoción. Al igual que la Revolución mexicana. Los huesos de los revolucionarios pueden estar en un monumento, o pueden estar perdidos, tal vez apropiados por el Estado, institucionalizados u olvidados bajo una humilde lápida, pero los ideales y las lecciones de los hombres, cien años después del final de la tormenta, permanecen intactos.

Vea más libros escritos por Captivating History

Bibliografía

Blaisdell, L. "Henry Lane Wilson and the Overthrow of Madero". *The Southwestern Social Science Quarterly*, 1962. *(en inglés)*

Brenner, Anita. *El viento que barrió a México. La historia de la Revolución Mexicana entre 1910 y 1942.* Fondo de Cultura Economica., México, 1975

Gilly, Adolfo. *La revolucion interrumpida.* Ediciones ERA, 2007.

Guzmán, Martín Luis. *El águila y la serpiente.*

Katz, Friedrich. *Pancho Villa.* ERA (MEXICO), 2002.

Katz, Friedrich. *La guerra secreta en México.* ERA, 1985.

Knight, Alan. *La revolución mexicana.* Fondo de cultura económica (México), 2011.

Meyer, M. "The Mexican-German Conspiracy of 1915". *The Americas*, 23(1), 76-89, 1966. *(en inglés)*

Meyer, M. *Huerta.* University of Nebraska Press, 1972. *(en inglés)*

Mraz, John. *Fotografiar la Revolución Mexicana: compromisos e iconos.* Instituto Nacional de Antropología e Historia, 2010.

Reed, John. *México insurgente.* Txalaparta, 2005.

Welsome, Eileen. *The General and the Jaguar: Pershing's Hunt for Pancho Villa: A True Story of Revolution and Revenge.* Little, Brown and Company, 2009. *(en inglés)*

Womack, John. *Zapata y la Revolución mexicana*. Fondo de Cultura Economica, 2018

Tuchman, Barbara. *El telegrama Zimmermann*. RBA, 2010.

Escalante, Pablo *et al. Nueva Historia Mínima de México*. México: El Colegio de México, 2004.

Gussinyer i Alfonso, Jordi. *México-Tenochtitlan en una Isla. Introducción al urbanismo de una ciudad precolombina*. Spain: Universitat de Barcelona, 2001.

Katz, Friedrich. *The Secret War in Mexico: Europe, the United States, and the Mexican Revolution*. Chicago: University of Chicago Press, 1984.

Khasnabish, Alex. *Zapatistas: Rebellion from the Grassroots to the Global*. Canada: Fernwood Publishing Ltd, 2010.

León-Portilla, Miguel. *El México Antiguo en la Historia Universal*. México: FOEM, 2015.

León-Portilla, Miguel. *The Broken Spears: The Aztec Account of the Conquest of Mexico*. Boston: Beacon Press, 2006.

Meyer, Jean. *La Cristiada. The Mexican People´s War for Religious Liberty*. New York: SquareOne Publishers, 2013.

Restall, Matthew. *When Montezuma Met Cortes: The True Story of the Meeting that Changed History*. New York: HarperCollins, 2018.

Schulenburg, Mariana. *Guadalupe: Visión y Controversia*. Aguascalientes: Libros de México: 2016.

Vázquez Lozano, Gustavo. *The Aztec Eagles. The History of the Mexican Pilots Who Fought in World War II*. Aguascalientes: Libros de México, 2019.

Made in United States
North Haven, CT
05 July 2025